Sylvia Semmet

99 Tipps

Für Geschichte

Cornelsen

Sylvia Semmet ist Lehrerin für Geschichte, Geschichte bilingual und Englisch am Otto-Hahn-Gymnasium in Landau/Pfalz. Außerdem ist sie Fachleiterin für Geschichte am dortigen Studienseminar. Ihr Schwerpunkt liegt in der internationalen Erinnerungsarbeit mit Schüler- und Kollegengruppen.

Projektleitung: Amira Sarkiss, Berlin
Redaktion: Karolin Gerhardi, Köln
Umschlagkonzept: Jule Kienecker, Berlin
Umschlaggestaltung: LemmeDESIGN, Berlin
Layout/technische Umsetzung: Kösel Media, info@koeselmedia.de
Die Reihenkonzeption wurde von Cornelia Colditz und Claudia Kahlenberg im Rahmen eines studentischen Wettbewerbs im Studiengang Verlagsherstellung an der HTWK Leipzig (www.verlagsherstellung.de) unter Leitung von Julia Walch, Bad Soden, entwickelt.

www.cornelsen.de

1. Auflage 2017

Druck: AZ Druck und Datentechnik GmbH, Kempten

ISBN 978-3-589-15211-7

PEFC
PEFC/04-31-2260

PEFC zertifiziert
Dieses Produkt stammt aus nachhaltig bewirtschafteten Wäldern und kontrollierten Quellen.

www.pefc.de

Inhaltsverzeichnis

Vorwort 7
10 Top-Tipps 9

Mit einer neuen Lerngruppe einsteigen

TIPP 1: Vorwissen checken 10
TIPP 2: Einen Infobrief schreiben 11
TIPP 3: Mit einem Geschichtsprojekt einsteigen 12
TIPP 4: Einen neuen Kurs kennenlernen 14
TIPP 5: Die regionale Geschichte untersuchen 15
TIPP 6: Mit einem Archivkoffer einsteigen 15

Die eigene Arbeit organisieren

TIPP 7: Eine Geschichtsstunde takten 16
TIPP 8: Mithilfe von PowerPoint® den roten Faden behalten 17
TIPP 9: Ein Arbeitsblatt problemorientiert gestalten 19
TIPP 10: Tafelbilder strukturieren 20
TIPP 11: In der Oberstufe altersgemäß sichern 21
TIPP 12: Fächerverbindend unterrichten 22
TIPP 13: Ein Lerntempoduett machen 23
TIPP 14: Feedback zu Schüleräußerungen geben 24
TIPP 15: Schüleräußerungen für eine problemorientierte Stunde verwerten 25
TIPP 16: Mit Grundkursen und Leistungskursen arbeiten 26
TIPP 17: Mündliche Geschichtsnoten gezielt rückmelden 26
TIPP 18: Lernfahrpläne für Kursarbeiten erstellen 28
TIPP 19: Korrekturbögen ausgeben 30
TIPP 20: Das Schulbuch ergänzen 30
TIPP 21: Operatoren einüben 31
TIPP 22: Die mündliche Abiprüfung üben 32
TIPP 23: Mit extremen Meinungen umgehen 32
TIPP 24: Die eigene Geschichtsbegeisterung pflegen 33

Unterricht anschaulicher und motivierender gestalten

TIPP 25: Personalisieren 34
TIPP 26: Konkretisieren 35
TIPP 27: Ein Porträt sprechen lassen 36
TIPP 28: Geschichtscomics einsetzen 38
TIPP 29: Mit Geschichtserzählungen motivieren 39
TIPP 30: Binnendifferenzieren 40
TIPP 31: Murmelphasen einschieben 42
TIPP 32: Stegreifspiele einsetzen 43
TIPP 33: Ein Bild im Einstieg nachstellen lassen 45
TIPP 34: Alternative Sicherungsformen ausprobieren 46
TIPP 35: Musik einsetzen 48
TIPP 36: Eine Lerntheke anbieten 49
TIPP 37: Ein Portfolio für die Geschichtsnote nutzen 50
TIPP 38: Einen kreativen Schreibauftrag geben 51
TIPP 39: (Fast) Bilingualen Unterricht ausprobieren 52
TIPP 40: Wikipedia mal anders einsetzen 53
TIPP 41: Narrativen vergleichen 54
TIPP 42: Eine Dokumentation analysieren 55
TIPP 43: Fachwissenschaftliches Arbeiten anbahnen 56
TIPP 44: Ein Jugendbuch lesen 58
TIPP 45: Ein Geschichtsquiz erstellen lassen 59
TIPP 46: Filmausschnitte gezielt einsetzen 60
TIPP 47: Einen Spielfilm ansehen 62
TIPP 48: Eine Fotosequenz gestalten 63
TIPP 49: Einen Galeriegang machen 64
TIPP 50: Eine Ausstellung präsentieren 64
TIPP 51: Eine Podiumsdiskussion durchführen 65
TIPP 52: Eine Dokumentation drehen 67
TIPP 53: Eine Methode diskutieren 68
TIPP 54: Schüler als Lehrer einsetzen 69
TIPP 55: EPA-III-Aufgaben üben 70

Den Unterricht öffnen

TIPP 56: Das „Thema der Woche" einführen 72
TIPP 57: Eine jüngere Klasse coachen 73
TIPP 58: Geschichte in den Nachrichten nutzen 74
TIPP 59: Aktuelle Kinofilme einbeziehen 75
TIPP 60: An Geschichtswettbewerben teilnehmen 76
TIPP 61: Jahrestage nutzen 77
TIPP 62: Familiengeschichten einbeziehen 78
TIPP 63: Den Namensgeber der Schule diskutieren 80
TIPP 64: Nachnamen analysieren 81
TIPP 65: Einen Sütterlin-Workshop organisieren 81
TIPP 66: Eine Vorlesung per Skype verfolgen 82
TIPP 67: Kontakte für gemeinsame Geschichtsprojekte suchen 84
TIPP 68: Digitale Lernplattformen nutzen 85
TIPP 69: Aktuelle Bezüge herstellen 86
TIPP 70: Zeitzeugen befragen 87
TIPP 71: Experten gegen Rechts einladen 89
TIPP 72: Einen Doktoranden einladen 90
TIPP 73: Eine „Ausgrabung aus der Zukunft" durchführen 92
TIPP 74: Partnerstädte und ihre Geschichte nutzen 93
TIPP 75: Regionale Autoren kontaktieren 93
TIPP 76: Kollegenfeedback einholen 95

Lernorte ausserhalb des Klassenraums nutzen

TIPP 77: Einen Schulrundgang machen 96
TIPP 78: Passanten befragen 97
TIPP 79: Mit Archäologen kooperieren 98
TIPP 80: Ein Archiv besuchen 99
TIPP 81: Ein Projekt zu einem Denkmal starten 100
TIPP 82: Eine Gedenkstätte besuchen 100
TIPP 83: Im Radio aktiv gedenken 102
TIPP 84: An Gedenkveranstaltungen teilnehmen 103
TIPP 85: Stolpersteine zum Thema machen 103
TIPP 86: Überregionale Fortbildungen besuchen 105

TIPP 87: Tagungen nutzen 106
TIPP 88: Gasthörer an der Uni sein 107
TIPP 89: Doktoranden unterstützen 108
TIPP 90: Theaterstücke mit Geschichte verbinden 109
TIPP 91: Eine Stadtführung buchen 110
TIPP 92: An einem Planspiel teilnehmen 110
TIPP 93: Mit dem Volksbund Deutsche Kriegsgräberfürsorge kooperieren 111
TIPP 94: Einen Rundgang zu Straßennamen machen 112
TIPP 95: Eine Kathedrale besuchen 113
TIPP 96: Ins Museum gehen 114
TIPP 97: Museumsworkshops besuchen 115
TIPP 98: Mit Museumspädagogen eine Ausstellung diskutieren 116
TIPP 99 Förderprogramme nutzen 117

Register 118
Weiterführende Literatur 120

Vorwort

Liebe Leserin, lieber Leser,
wenn ich neue Leute kennenlerne und nach kurzer Zeit klar wird, dass ich nicht nur Lehrerin bin, sondern zu allem Überfluss auch noch das Fach Geschichte unterrichte, nimmt das Gespräch meist einen vorhersehbaren Verlauf: Meine Gesprächspartner schwelgen in wenig erbaulichen Erinnerungen an ihren eigenen Geschichtsunterricht, der als langweilig und trocken beschrieben wird. Man habe im Prinzip nur Jahreszahlen und Ereignisse auswendig lernen müssen. Geschichte wird also meist als reines Lernfach verstanden, in dem es genügt, die entsprechenden Fakten wiederzukäuen. Auch wird oft gesagt, dass die Unterrichtsinhalte „ja nichts mit einem selbst zu tun hatten", denn das sei doch alles schon so lange vorbei. Größer könnte das Missverständnis nicht ausfallen! Ohne in ein allgemeines Plädoyer für Geschichte als Fachgebiet verfallen zu wollen (denn im geneigten Leser habe ich ja schon aufgrund des gemeinsamen Faches einen Verbündeten in dieser Sache), gilt es also, die kommenden Generationen von Geschichtslernenden nicht ähnlich zu verprellen. Es soll ihnen vielmehr klar werden, inwieweit Geschichte sehr wohl mit ihnen und ihrem Leben zu tun hat und dass es überaus spannend sein kann, sich im Hinblick auf diesen Zusammenhang auf Spurensuche zu begeben, Geschichte also als Denkfach zu begreifen.
Als hilfreich erwiesen hat sich in meinem Unterricht eine möglichst schüler- und problemorientierte Vorgehensweise. Die Lernenden können selbst forschend tätig werden – wenn auch „nur" im kleinen Rahmen und angeleitet, bilden sie sich aber doch auf der Basis der Materialien ihre eigene Meinung. Diese Fähigkeit erscheint mit Blick auf politische Entwicklungen in unserem Land und in unseren Nachbarländern immer wichtiger. Damit Quellenarbeit im Alltagstrott dennoch nicht à la „Schlagt das Buch auf Seite zehn auf" allzu ermüdend wird, kann immer wieder ein kleines Highlight in die Stunden eingebaut und das Lernarrangement öfter verändert werden – sei es auf der Methodenebene oder auch im

Hinblick auf besonderes Material. Für eine solche Planung des Geschichtsunterrichts soll dieser Band realistische und leicht umzusetzende Ideen und Anregungen bieten.
Dafür wurde er unterteilt in fünf Blöcke: Der erste Block beinhaltet Ideen, die Sie nutzen können, wenn Sie eine neue Lerngruppe übernehmen. Im zweiten Block finden Sie Tipps zur Organisation Ihrer eigenen Arbeit rund um den Geschichtsunterricht, während Sie im dritten Block viele Möglichkeiten entdecken werden, wie Sie Ihre Stunden (noch) anschaulicher und motivierender gestalten können. Die letzten beiden Blöcke bieten Ihnen schließlich Anregungen, wie Sie quasi die Tür zu Ihrem Klassenzimmer öffnen und die Alltagswelt der Schüler, Gäste und Experten hineinholen können bzw. umgekehrt Tipps, wie sich Geschichtsunterricht an einen anderen Ort verlegen lässt.

Das vorliegende Buch versteht sich als Fundus meiner eigenen Erfahrungen. Diese sollen als Anregungen einer Praktikerin für Praktiker dienen, die den eigenen Geschichtsunterricht weiterentwickeln, öffnen und für die Lernenden noch weiter bereichern wollen.

Dabei wünsche ich Ihnen viele spannende Geschichtserlebnisse und viel Vergnügen!

Sylvia Semmet

P.S.: Aus Gründen der besseren Lesbarkeit wird in diesem Buch durchgehend die männliche grammatische Form verwendet. Natürlich sind damit immer auch Mädchen und Frauen gemeint, also Schülerinnen, Studentinnen, Referendarinnen, Mentorinnen, Fortbildnerinnen, Lehrerinnen etc.

Die 10 Top-Tipps … Die Lieblingstipps der Autorin!

18 Lernfahrpläne für Kursarbeiten erstellen

Geschichtscomics einsetzen 28

30 Binnendifferenzieren

Narrativen vergleichen 41

56 Das „Thema der Woche“ einführen

Eine Vorlesung per Skype verfolgen 66

78 Passanten befragen

Ein Archiv besuchen 80

86 Überregionale Fortbildungen besuchen

Tagungen nutzen 87

1 Vorwissen checken

Sobald die neue Unterrichtsverteilung in den Sommerferien klar ist, beginnt für den Lehrer die Planung der ersten Reihen des kommenden Schuljahrs. Findet er eine Neueinsteiger-Klasse für Geschichte auf dem Stundenplan, ist diese zunächst einmal eine unbekannte Größe.

Um den Geschichtsunterricht möglichst nah an den Schülern und ihren Kompetenzen zu planen, sollten Sie im Vorfeld, spätestens aber in der ersten gemeinsamen Geschichtsstunde Wissenswertes über die Klasse in Erfahrung bringen. Dabei helfen Ihnen Gespräche mit dem Klassenlehrer, aber auch mit den Kunst- und Musikkollegen: Welchen kulturellen Hintergrund bringen die Schüler mit? Gibt es besonders sport-, musik- oder auch kunstbegeisterte Schüler in der Klasse? Vielleicht sind auch bilinguale Lernende dabei oder solche, die wegen besonderer Bedürfnisse, Lernschwierigkeiten oder ähnlicher Erschwernisse einen gesonderten Zugang zum Stoff und intensivere Betreuung brauchen.

Hintergrund und Interessen der Lernenden

In der ersten Stunde in einer fünften Klasse können mittels einer Gesprächsrunde oder eines Fragebogens erste Geschichtsbegegnungen in der Grundschule erfragt und *„Was ist Was"-Freaks ebenso wie Asterix-Fans* gefunden werden. Möglichkeiten, diese besonderen Interessen und „Mini-Experten" in den Unterricht einzubinden, gibt es immer.

Gleich mal ausprobieren

Eine Möglichkeit, mit den Schülern über deren Vorwissen ins Gespräch zu kommen, ist ein „Vorwissensbarometer". Dafür benötigen Sie etwa drei Meter Paketschnur und drei auf Fotokarton aufgeklebte Smileys, von denen der erste sehr zufrieden, der zweite eher indifferent und der dritte nachdenklich und unsicher dreinschaut. Diese kleben Sie am Boden entlang der Paketschnur mit einigem Abstand zueinander fest. Bitten Sie dann Ihre Schüler, sich entsprechend ihres subjektiven Kenntnisstands zu einem vorgegebenen Thema an den Smileys zu positionieren. Erfahrungsgemäß bildet sich der größte Cluster am indifferenten Smiley, während vereinzelte Verwegene sehr zufrieden mit sich und ihren Geschichtskenntnissen sind und ein kleines Häuflein vorsichtshalber gar nichts zum Thema zu wissen vorgibt. Aber völlig egal, wie sich die Schüler positionieren: Lassen Sie sie noch einige Minuten vorn an ihren Smileys bleiben und sich untereinander dazu austauschen, ob dem einen oder anderen noch Stichworte einfallen, bevor Sie ein Gespräch im Plenum beginnen. Das senkt die Hemmschwelle der Schüler, unbefangen über ein historisches Thema zu reden.

2 Einen Infobrief schreiben

Völlig egal, um welche Jahrgangsstufe der Sekundarstufe I es sich handelt: Ein kurzer Infobrief für eine neue Geschichtsklasse, für die man selbst als Lehrer noch die große Unbekannte darstellt, vermittelt den Schülern und deren Eltern Orientierung. Dieser Brief sollte mit einer freundlichen Ansprache für die Klasse beginnen und anschließend die wichtigsten organisatorischen Basics vermitteln, etwa zur Frage, ob ein Heft oder ein Schnellhefter benötigt wird. Gerade im Fach Geschichte, in dem in der Sekundarstufe I keine festgelegten schriftlichen Überprüfungen geschrieben werden, ist auch eine Ankündigung hilfreich, wie viele Tests zu erwarten sind, welche Aspekte für die mündlichen Noten relevant sind und ob alternative Formen der Leistungsmessung für die Gesamtnote eine Rolle spielen werden (Tipp 37). All dies obliegt Ihrer pädagogischen Freiheit und ist daher für die Klasse ohne Ihre Erklärugen zu Beginn des Schuljahres nicht einzuschätzen. Auch die Frage, welche inhaltlichen Großthemen der Lehrplan für dieses Jahr vorsieht bzw. welche Schwerpunkte Sie darin setzen möchten, wird die Klasse interessieren. Ein Abschnitt, auf dem nach persönlichen Interessen der Schüler innerhalb der vom Lehrplan vorgegebenen Themen gefragt wird und der wieder bei Ihnen abgegeben werden soll, hilft Ihnen, Ihre Unterrichtsplanung individuell an die Klasse anzupassen, und zeigt außerdem

› Tipp 37

Interessen der Lernenden einbeziehen

den Schülern, dass Sie ihre Interessen wahr- und ernst nehmen.

Achtung!

Wie auch immer Sie Ihren Infobrief im Detail gestalten: Denken Sie daran, dass Sie damit eine erste Visitenkarte abgeben und die Erwartungshaltung Ihrer Lerngruppe entsprechend beeinflussen.

3 Mit einem Geschichtsprojekt einsteigen

Motivierender Start in das neue Fach Geschichte

Den Einstieg in das Fach Geschichte mit einer Klasse „Neulingen“ können Sie über ein Projekt finden. Diese Variante ist einerseits für Sie recht entspannt, da kaum vorbereitungsintensiv, andererseits ist sie für die Schüler ausgesprochen motivierend und erkenntnisreich. Die Methode bietet der Klasse größere Freiheiten und Möglichkeiten, den Unterricht aktiv mitzugestalten. Der Schwerpunkt liegt hier auf dem selbstständigen Lernen.

Bitten Sie die Schüler in der Kennenlernstunde nach den Ferien, für die nächste Stunde einen Gegenstand von zu Hause mitzubringen, der ihnen besonders alt vorkommt. (Bei wertvollen Gegenständen, wie etwa Schmuck, reicht natürlich auch eine Fotografie.) Gemeinsam mit der Klasse kann nun ein Projektplan erstellt werden, der den Verlauf der Reihe ebenso bestimmt wie die Fragestellung an die historischen Überreste. Im Geschichtsheft soll nun notiert werden, um was für einen Gegenstand es sich handelt, wo genau er gefunden wurde und wem er gehört. Wozu dient(e) er im Alltag und wie alt ist er? Diese Gegenstände werden in der folgenden Stunde kurz (!) vorgestellt und die Schüler bilden Kategorien, nach denen sie sich in Gruppen zusammenfinden (also etwa Bilder, Schriftstücke, Alltagsgegenstände, Kunstobjekte etc.). Diese Gruppen arbeiten nun in der Folgestunde heraus, was die Gegenstände ihrer Kategorie uns über die Zeit, in der sie entstanden sind und verwendet wurden, sagen, bzw. was sie uns eben über diese Zeit nicht sagen können. In der Abschlussstunde können Sie die Kategorien „Quellen" und „Überreste" einführen, die Gegenstände gemeinsam einordnen und verschiedene Quellengattungen, so vorhanden, bereits ansprechen. Im gemeinsamen Unterrichtsgespräch werden dann Arbeitsweise und gewonnene Erkenntnisse reflektiert.

Einteilung in „Quellen" und „Überreste"

Oft bringen Schüler alte Bücher mit, etwa das Gesang- oder ein Schulbuch der Oma, alte Zeitschriften, Briefmarken, Fotos, Schmuck und nicht mehr benutzte Haushaltsgegenstände. Beliebt sind auch D-Mark-Scheine oder Gedenkmünzen. Meist kommt die Klasse von selbst darauf, sich erst einmal in Untergruppen nach schriftlichen, bildlichen und dinglichen Gegenständen aufzuteilen. Mit der Frage, welche unterschiedlichen Informationen uns diese Dinge liefern, kommen die Schüler dann schnell zu der Erkenntnis, dass einiges mit Absicht vermittelt werden soll, anderes quasi aus sich selbst heraus eine Geschichte erzählt, etwa die Haushaltsgegenstände über den Stand der Technik zu ihrer Zeit. Auf diese Weise erhält ein eigentlich eher trockenes Thema einen klaren Schüler- und Lebensweltbezug, Lehrer und Klasse lernen sich im Hinblick auf die Arbeitsweise kennen – und in der Regel macht es allen Beteiligten Spaß.

Achtung!

Auf vielen Dachböden liegen noch Waffen vom Großvater, die natürlich „alt" sind und auf einige Schüler eine gewisse Faszination ausüben. Es versteht sich von selbst, dass diese Waffen in der Schule nichts zu suchen haben. Schließen Sie also am besten gleich mit der Erteilung des Arbeitsauftrags, alte Dinge mitzubringen, Waffen grundsätzlich aus.

4 Einen neuen Kurs kennenlernen

Icebreaker

In die Arbeit mit einem neuen Oberstufenkurs können Sie in der ersten Stunde nach den Ferien mit einem *Icebreaker* einsteigen: Fordern Sie die Schüler auf, sich jeweils ein historisches Ereignis zu überlegen, das sie für das Wichtigste überhaupt halten. Bitten Sie sie anschließend, aufzustehen und sich nach aufsteigender Wichtigkeit ihres Ereignisses in einer Reihe aufzustellen. Sodann müssen die Schüler versuchen, ihre Vorder- bzw. Hintermänner von der größeren Wichtigkeit des eigenen Themas zu überzeugen und gegebenenfalls die Plätze zu tauschen. Damit verfolgen Sie drei Ziele: Erstens kommen die Schüler miteinander ins Gespräch zum Thema Geschichte. Zweitens lernen Sie Ihre neuen Schüler als stiller Zuhörer etwas näher kennen und können anhand ihrer Argumentationsweise schon eine erste Einschätzung zu ihrem Leistungsvermögen machen. Drittens können sich die Schüler mit fast hundertprozentiger Wahrscheinlichkeit nicht einigen und erkennen im anschließenden Unterrichtsgespräch, dass die Bewertung historischer Ereignisse in der Rückschau stark vom Betrachter abhängt (Tipp 43).

› Tipp 43

Abschließend können Sie einen kleinen Fragebogen austeilen, in dem Sie nach Interessensschwerpunkten der Schüler fragen, die Sie gegebenenfalls in Ihre geplanten Unterrichtsreihen mit einfließen lassen können.

SOS-Tipp

Ist im Klassenzimmer zu wenig Platz für diese Aktivität, können Sie genauso gut in die Aula oder auf den Schulhof ausweichen.

5 Die regionale Geschichte untersuchen

Eine Beschäftigung mit der Regionalgeschichte weckt (fast) immer Interesse und kann ein sanfter Einstieg in die Oberstufe sein. Anhand der Geschichte der eigenen Stadt in bestimmten Epochen führen Sie auf anschauliche Weise die Schüler in die Grundlagen und Arbeitsweisen im Fach Geschichte ein. Sie können dies auch mit einem Unterrichtsgang kombinieren, etwa durch die Stadt selbst oder deren historisches Zentrum (Tipp 91). Lassen Sie die Schüler zu „Fremdenführern" werden: Erteilen Sie ihnen den Auftrag, vorab kleine Vorträge zu einzelnen Stationen des Rundgangs vorzubereiten, die sie dann vor Ort halten. Gemeinsam mit dem Kurs können Sie auch historische Orte in der näheren Umgebung, wie etwa Burgen, Denkmäler, Gedenkstätten und Ähnliches auswählen, die im weiteren Verlauf der Reihe näher untersucht werden.

› Tipp 91

Die eigene Region spielt in der Identitätsbildung Ihrer Schüler eine wesentliche Rolle. Umso besser, wenn der Zugang dazu auf reflektierte Weise mit Ihrer Hilfestellung auf der Basis einer kritisch hinterfragenden Herangehensweise erfolgt.

Identitätsbildung

6 Mit einem Archivkoffer einsteigen

Eine Variante für den Einstieg mit einer neuen Klasse oder einem neuen Kurs bietet ein Archivkoffer, den viele regionale Archive mittlerweile zur Ausleihe anbieten (Tipp 80). Dieser beinhaltet laminierte Kopien besonders eindrucksvoller Archivalien wie etwa mittelalterliche Urkunden, Wahlplakate in großem Format oder Wachsnachbildungen urkundlicher Siegel. Damit können Sie unterschiedliche Quellenarten anschaulich präsentieren und den Unterschied zwischen Quelle und Überrest wiederholen. Auch ein Bezug zur Regionalgeschichte (Tipp 3) lässt sich anhand des Koffers herstellen; eine in den meisten Lehrplänen geforderte Einfüh-

› Tipp 80
› Tipp 3

rung in die Grundlagen des Fachs Geschichte ist damit automatisch gegeben. Die Aktion hat zudem den angenehmen Nebeneffekt, dass der Alltagstrott für alle Beteiligten durchbrochen wird.

Gleich mal ausprobieren

Erkundigen Sie sich im nächstgelegenen Archiv nach der Möglichkeit, einen solchen Archivkoffer oder etwas Vergleichbares auszuleihen. Manche Archivare sind auch gerne bereit, an die Schulen zu kommen, um Einführungen zu geben. Erfreulicherweise haben die meisten größeren Archive mittlerweile eine eigene archivpädagogische Abteilung und verfügen damit über entsprechend geschulte Mitarbeiter.

7 Eine Geschichtsstunde takten

Dieser Tipp richtet sich naturgemäß eher an Berufsanfänger, die noch darunter leiden, dass eine Geschichtsstunde nur 45 Minuten zur Verfügung hat und für die das Klingeln gefühlt immer mindestens zehn Minuten zu früh ertönt. Abgesehen von der offensichtlichen Notmaßnahme, sich eine digitale Armbanduhr zuzulegen, auf der man jederzeit die Uhrzeit im Blick hat, hilft es, die Stunde quasi in Häppchen zu unterteilen.

Einstieg

Die Einstiegsphase, an deren Ende die Fragestellung der Stunde stehen sollte, dauert meistens zwischen fünf und zehn, selten auch mal bis zu 15 Minuten. Überlegen Sie vorab, wie Sie in die Stunde einsteigen möchten. Ein eher klassischer Einstieg mit einem Bild oder mit ein bis zwei ausgewählten Zitaten geht recht zügig über die Bühne, es sei denn, das betrachtete Bild ist besonders detailreich. Etwas aufwendiger ist hingegen ein Einstieg mit Spielsequenz (Tipp 32) oder auch einem *Freeze* (Tipp 33).

› Tipp 32, 33

Erarbeitung

Planen Sie je nach gewähltem Einstieg eine realistische Länge der darauffolgenden Erarbeitungsphase und richten Sie danach auch die Anzahl der hierfür verwendeten Materialien aus. Die Erarbeitungsphase dauert meistens etwa 15 Minuten; die Länge können Sie direkt über die Zeitangabe zum Arbeitsauftrag steuern. Ein akustischer Impuls mithilfe einer Klangschale oder die Countdown-Funktion am Active Board können helfen, das Ende der Arbeitszeit zu markieren.

Eine größere Unbekannte bildet die Schlussphase der Stunde, die neben der Sicherung auch die Abschlussdiskussion beinhaltet. Bei Letzterer weiß man vorher nie so genau, wie sie verlaufen wird. Daher hilft es, sich einen Puffer von etwa fünf Minuten einzuplanen, der für eine längere Diskussion genutzt werden kann. Wenn der Puffer nicht gebraucht wird, können Sie in diesen letzten fünf Minuten die Stunde mit einem erneuten Aufgreifen des Einstiegsmaterials, das nun im Lichte der gewonnenen Erkenntnisse neu eingeordnet werden kann, abrunden.

Sicherung und Fazitdiskussion

Anstatt nun noch die vorgesehene Hausaufgabe langwierig zu diktieren, schreiben Sie diese am besten schon vorab mit auf die Rückseite des Arbeitsblatts (Tipp 9) oder auf ein gesondertes Blatt – so haben Sie die Ihnen zur Verfügung stehende Zeit optimal genutzt.

› Tipp 9

8 Mithilfe von PowerPoint® den roten Faden behalten

Manchmal ist es für den Lehrer gar nicht so leicht, innerhalb der Stunde den roten Faden zu behalten: Angeregte Unterrichtsgespräche und viele interessierte Nachfragen der Schüler sind zwar einerseits höchst erfreulich, können aber auch leicht von den wesentlichen Fragen der Stunde ablenken.

Hier kann Ihnen eine PowerPoint®-Präsentation (oder alternativ einfach ein Set an OHP-Folien) große Dienste leisten. Legen Sie sich für die Stunden einer Themenreihe Präsentationen an, die jeweils einfach nur eine Aneinanderreihung von Materialien enthalten. Das können für den Einstieg Bilder und Zitate, für die Erarbeitung passende Textquellen (in die man über ein Active Board Markierungen und Notizen einfügen kann) oder auch Karikaturen sein. Für die Fazitdiskussion bzw. eine Vertiefung lassen sich ebenfalls Karikaturen oder aber Screenshots von aktuellen politischen Meldungen, die sich auf ein historisches Thema beziehen, verwenden. Über die Jahre können Sie Ihre Materialien beliebig ergänzen bzw. aktualisieren.

Zeitlich flexibel reagieren

Mithilfe Ihrer Präsentation sind Sie an jeder Stelle der Stunde in der Lage, flexibel auf Zeitnot oder sich überraschend ergebende Zeitfenster zu reagieren. So können Sie beispielsweise Ihre Klasse nach einem etwas ausschweifenden Gespräch mit einem gezielten Material wieder „einfangen". Hat die Klasse hingegen zügiger gearbeitet als gedacht, haben Sie stets einen Zusatzimpuls in Form einer Karikatur oder eines zum Thema passenden Zitats parat, der einen weiteren Transfer einleitet. Das verleiht sowohl Ihnen als auch Ihren Schülern ein hohes Maß an Sicherheit. Als Lehrer behalten Sie stets das Gerüst Ihrer Stunde im Auge, da Sie es ja jederzeit mit einem Klick wieder aufrufen können. Auch Schlüsselimpulse, die zur nächsten Phase führen sollen, gehen so in der Hektik nicht verloren. Für die Lerngruppe wird das Voranschreiten innerhalb der Stunde mit dieser Strukturierungshilfe äußerst transparent.

Um die Ecke gedacht

Auch mehrschrittige Arbeitsaufträge während der Erarbeitungsphase können Sie mit jeweiliger Zeitangabe in die Präsentation aufnehmen. So sind sie für alle sichtbar und die Schüler können immer wieder nachsehen, was genau gemacht werden soll. Das vermeidet Nachfragen nach dem Motto: „Was sollen wir jetzt nochmal machen?" und unterstützt das Zeitmanagement innerhalb der Geschichtsstunde.

Ein Arbeisblatt problemorientiert gestalten

9

Sicher haben auch Sie schon einmal Arbeitsblätter mit passenden Quellen kopiert, wenn das verwendete Schulbuch keine geeigneten Materialien für die mit der Klasse erarbeitete Fragestellung bereithielt. Um textlastige und wenig motivierende Bleiwüsten zu vermeiden, können Sie das Blatt quasi dreiteilen. In das obere Drittel kommen der Übersichtlichkeit halber nicht nur das Tagesdatum und die Bezeichnung der Klasse bzw. des Kurses, sondern auch ganz zentral und hervorgehoben die Fragestellung der Stunde (bzw. den Titel der Reihe, ergänzt durch den Teilaspekt dieser Stunde). Wenn Sie bei jüngeren Schülern einen „Bildanker" eingeführt haben, der die Klasse durch die Reihe begleitet (Tipp 25), drucken Sie auch diesen mit ab. So ist beim Lernen und Blättern im Geschichtsordner auf den ersten Blick klar, welches Blatt zu welchem Thema gehört. Darunter setzen Sie einen kurzen Hinführungstext, der an die vorangegangene Stunde anknüpft und die präsentierten Quellen in den Kontext einordnet. Gerade bei Karikaturen lohnt es sich, ein Porträt des Autors einzubauen, damit ein gewisser Wiedererkennungseffekt gegeben ist. Dies erscheint umso wichtiger, je öfter ein Künstler oder auch eine Zeitschrift den Unterricht mit Karikaturen bereichert, so beispielsweise die Zeichnungen aus der satirischen Zeitschrift *Simplicissimus,* die für das Deutsche Reich über eine lange Zeit hinweg wichtig waren. Wenige biografische Worte zum Autor erleichtern den Schülern die Einschätzung seiner Perspektive.

Struktur schaffen

› Tipp 25

Im Mittelteil folgt dann die eigentliche Quelle – gegebenenfalls etwas gekürzt und mit Zeilenangaben sowie mit erklärenden Fußnoten versehen. Der letzte Abschnitt umfasst dann die mithilfe eindeutiger Operatoren formulierten Arbeitsaufträge (Tipp 21).

› Tipp 21

Mit dieser Strukturierung Ihrer Arbeitsblätter bilden Sie die klassische problemorientierte Geschichtsstunde übersichtlich auf einem Blatt ab.

SOS-Tipp

Um Zeit zu sparen bietet es sich manchmal an, auf der Rückseite des Blattes gleich eine Lösungstabelle oder sonstige Struktur vorzugeben, in die die Schüler ihre Lösungen nur noch eintragen müssen. Bei arbeitsteiligem Vorgehen ist es außerdem nützlich, die Quellen der jeweils anderen Gruppe auf der Rückseite abzudrucken. Dann können die Lernenden bei der späteren Vorstellung der Arbeitsergebnisse den Ausführungen der anderen besser folgen.

10 Tafelbilder strukturieren

Vor allem zu Beginn ihrer beruflichen Laufbahn tun sich viele Lehrer schwer, Tafelbilder zu gestalten. Diese gilt es in der Sekundarstufe I noch recht ausführlich, in der Sekundarstufe II stark reduziert zu gestalten (Tipp 11). Beides fällt anfangs nicht leicht.

› Tipp 11

Die tröstliche Wahrheit ist: Das geht fast allen so, wird aber mit der Zeit leichter! Um diese Entwicklung zu beschleunigen, hier ein paar Richtlinien:

- Sollten Sie Schwierigkeiten damit haben, an der Tafel leserlich zu schreiben, versuchen Sie es am Anfang zunächst nur mit Großbuchstaben. Sie werden sich leichter tun und Ihre Schüler werden Ihren Anschrieb besser entziffern können.
- Wenn Sie eine unruhige Lerngruppe haben, der Sie beim Tafelanschrieb nicht den Rücken zukehren möchten, so schreiben Sie vorzugsweise auf eine OHP-Folie.
- Sollten Sie mit endlosen Auflistungen an der Tafel zu Recht unzufrieden sein, stellen Sie Ihre Sicherung nicht als Liste dar, sondern lieber in einem kleinen Schaubild verpackt, etwa mit Gegensatzpfeilen, Schnittmengendiagrammen oder Ähnlichem.
- Und, ja, hier kommt er: Der Fazitpfeil. Es hilft ungemein, das gemeinsame Diskussionsergebnis der Stunde am Ende an der Tafel mit einem Pfeil zu signalisieren, auf den ein

gemeinsam formuliertes Fazit zur Stundenfrage folgt. Dieser kann übrigens auf dem anfangs ausgeteilten Arbeitsblatt (Tipp 9) ganz unten bereits abgebildet sein, sodass das Fazit nur noch ergänzt werden muss. Auf diese Weise unterstreichen Sie den problemorientierten Ansatz Ihrer Stunden, bei dem im Denkfach Geschichte eine Antwort auf die im Einstieg der Stunde aufgeworfene Frage gefunden werden soll.

› Tipp 9

Gleich mal ausprobieren

Nutzen Sie als Gedächtnisstütze für den Tafelanschrieb in der Stunde und als Selbstdisziplinierungsmaßnahme gegen ausufernde Notizen, die ohnehin nicht auf die Tafel passen, ein einmal quer und zweimal längs gefaltetes DIN-A4-Blatt. Es gibt in kleinerem Maßstab die Dimensionen der Tafel wider und lässt sich als Rahmen nutzen, in dem Ihre Notizen untergebracht werden müssen.

11 In der Oberstufe altersgemäß sichern

Im Gegensatz zu den recht ausführlichen Tafelbildern in der Sekundarstufe I können Sie Ihre Sicherung in der Oberstufe auf das Wesentliche reduzieren (Tipp 10). Weisen Sie Ihren Kurs gleich zu Beginn der Oberstufenzeit darauf hin, dass sich von nun an jeder Schüler eigenverantwortlich Notizen zum Unterrichtsverlauf machen soll. An der Tafel genügt es, wichtige Schlagworte in einer visualisierten Darstellung aufzunehmen, etwa so:

› Tipp 10

Robespierre zu „Terror und Tugend“:

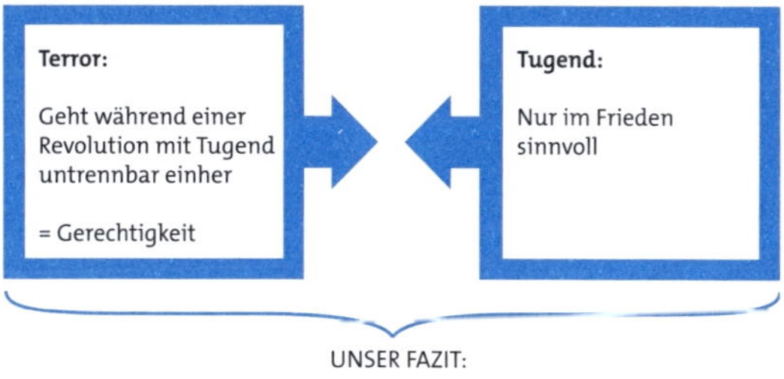

Das Schlussfazit, als solches gekennzeichnet, kann dann ergänzt werden. Solcherart reduzierte Tafelbilder können Sie abfotografieren und im Mailverteiler der Gruppe rundschicken. Diese Bilder können Sie kombinieren mit Notizen, die per Active Board oder OHP-Folie am Rande der Materialien für alle sichtbar von Ihnen oder den Lernenden selbst in deren Präsentation der Arbeitsergebnisse gemacht werden. Auf diese Weise abfotografierte Tafelbilder können Sie auch mit Folien oder PowerPoint®-Slides der verwendeten Quellen kombinieren, die am Ende der Sicherungsphase ja dann mit Randnotizen und Markierungen versehen sind, sodass Ihre Lerngruppe abschließend mit einem vollständigen Bild der Stundenergebnisse ausgerüstet ist.

› Tipp 51

Für Phasen, in denen der ganze Kurs aktiv ist (wie etwa Podiumsdiskussionen, Tipp 51), kann ein Schüler gebeten werden, die wichtigsten Argumente und Thesen ebenso wie das abschließende Fazit in einem Protokoll festzuhalten. Dieses Protokoll wird kopiert und an alle Schüler ausgeteilt.

Mit dieser Form der Sicherung tragen Sie der stärkeren Selbstständigkeit Rechnung, die von Ihren Lernenden bei näherrückender Reifeprüfung erwartet wird.

12 FÄCHERVERBINDEND UNTERRICHTEN

Einige Lehrpläne geben Hinweise darauf, welche Themen wann auch im Lehrplan eines anderen Faches vorgesehen sind. Durchforsten Sie doch einmal den Lehrplan Ihres Bundeslandes für das Fach Geschichte speziell mit Blick auf solche Hinweise und lassen Sie sich überraschen, zu welchem Thema Sie mit welchen Kollegen zusammenarbeiten könnten. Geteilte Stunden sind oft geteilte Arbeit und Spaß macht es außerdem. Zudem wirkt dieser Ansatz dem unter Schülern weit verbreiteten Schubladendenken in Bezug auf die einzelnen Unterrichtsfächer entgegen und lässt sie thematische Verflechtungen erkennen.

Verflechtungen mit anderen Fächern aufzeigen

Themen aus der Geschichte finden sich auch in den Lehrplänen der Fächer Kunst (hier kann man etwa zur Methodenschulung für eine Bildanalyse gemeinsam arbeiten), Musik, Religion, Ethik und Deutsch. Auch die Physik lässt sich einspannen (z. B. zum Thema Dampfmaschine). Ein Exkurs in die Musik inklusive gemeinsamem Charleston-Tanzen bereichert eine Reihe zu den Zwanzigerjahren ungemein und macht großen Spaß. Die Betrachtung dieser Periode hetzt im klassischen Reihenverlauf meist eher von einer Krise zur nächsten und legt so eine gewisse Unausweichlichkeit des bitteren Endes nahe. Der mit den Zwanzigern verbundene kulturelle Höhenflug wird dabei leider meist vernachlässigt oder ganz unterschlagen, ist es aber unbedingt wert, mit in Betracht gezogen zu werden. Für den Themenbereich der Shoah ist es besonders zu empfehlen, mehrere Fächer mit den Geschichtsstunden zu verknüpfen. So lässt sich vermeiden, dass die Lernenden des Themas überdrüssig werden, weil es in fachspezifischen Varianten kurz hintereinander in den verschiedenen Fächern auf dem Plan steht.

Überdruss vermeiden

Ein Lerntempoduett machen

13

Gerade in den jüngeren Klassen, das heißt im ersten und zweiten Lernjahr Geschichte, ist das Arbeitstempo der Schüler noch äußerst unterschiedlich. Während die ersten schon mit der Erarbeitung in Einzelarbeit fertig sind und sich langweilen, sind andere noch konzentriert zu Gange und überlegen sich, ob sie die Überschrift rot oder grün unterstreichen sollen. Hier kann mit dem sogenannten Lerntempoduett Abhilfe geschaffen werden: Bitten Sie die Schüler aufzustehen, sobald sie fertig sind, und sich dann mit dem nächsten, der aufsteht, im Tandem zusammenzutun. Die Lernpaare begutachten gegenseitig ihre Ergebnisse und diskutieren sie gegebenenfalls auch schon. Auf diese Weise können am Ende der Erarbeitungszeit alle Schüler ihre Ergebnisse im Plenum teilen und besprechen. Dies sorgt für eine höhere Schüleraktivierung und weniger Leerlauf in der Stunde.

Feedback zu Schüleräusserungen geben

14

Es ist nicht immer einfach, den Lernenden zu ihren Beiträgen spontan differenzierte Rückmeldungen zu geben. Vielleicht behelfen auch Sie sich im Eifer des Gefechts oft mit eher nichtssagenden Bemerkungen wie „gut", „mhm" oder dem allseits beliebten „okay". Im Nachhinein stellen Sie dann fest, dass Ihnen der ein oder andere Impuls, der für eine interessante Diskussion hätte genutzt werden können, durch die Lappen gegangen ist (Tipp 15).

› Tipp 15

Manchmal braucht man einfach eine kurze Pause zum Nachdenken, um die angemessene Antwort auf einen Schülerbeitrag zu finden. Schaffen Sie sich eine solche Pause, indem Sie einen Beitrag, den Sie nicht direkt einordnen können, zunächst wiederholend an die Lerngruppe zurückgeben. Am besten tun Sie das unter Einsatz von Interesse signalisierender Mimik, um den Schülern nonverbal zu verstehen zu geben, dass nun zunächst sie am Zug sind. Haben Sie etwas Zeit gewonnen, können Sie wieder auf den Beitrag zurückkommen und ihn, auch unter Verwendung der bis dahin weiterführenden Beiträge, genauer einordnen. Ganz nebenbei haben Sie auf diese Weise Ihre Schüler aktiviert.

Auch nonverbal kommunizieren

Bauen Sie möglichst Hinweise auf die drei Anforderungsebenen in die Rückmeldung ein, also etwa „Das hast du jetzt sehr präzise in den Kontext eingeordnet" o. Ä. Damit rufen Sie Ihrer Lerngruppe immer wieder in Erinnerung, auf welcher Ebene sie sich gerade mit ihren Äußerungen befinden. Die Schüler werden Ihre Rückmeldungen als Anhaltspunkt für eine Einschätzung ihrer mündlichen Noten betrachten (Tipp 17); also empfiehlt es sich, Feedback sehr bewusst zu formulieren.

› Tipp 17

Schüleräusserungen für eine problemorientierte Stunde verwerten

15

Hin und wieder fallen im Unterrichtsgespräch Schülerbemerkungen, die so passend oder kontrovers sind, dass man sich hinterher ärgert, wenn man nicht für die Progression des Gesprächs verwendet hat (Tipp 14). Für solche Fälle können Sie sich wappnen: Setzen Sie Ihre Impulse so gezielt, dass mit großer Sicherheit unterschiedliche Wertungen fallen werden. So können Sie beispielsweise unmittelbar eine Bewertung eines kontroversen Sachverhalts einfordern. Nun müssen Sie viel Geduld haben und abwarten, bis zwei Bemerkungen fallen, die sich aufeinander beziehen lassen, und können dann eine Diskussion oder auch die Problematisierung voranbringen. Manchmal fällt ein guter Beitrag direkt zu Anfang, bringt Sie aber alleine nicht weiter und Sie müssen ihn sich merken, bis sich ein weiterer anbietet. Aber Sie werden sehen, mit etwas Übung wird auch das kein Problem mehr für Sie darstellen. Selbst einzelne Beiträge sind oft in ihrer dezidierten Meinungsäußerung so kontrovers angelegt, dass sie weitere Impulse Ihrerseits unnötig machen. Formulierungen wie „Es ist doch völlig klar, dass …", „Jeder muss doch sehen …", „Einer solchen These kann man auf keinen Fall zustimmen …" fordern Widerspruch geradezu heraus.

› Tipp 14

Aktiv zuhören

Gleich mal ausprobieren

Als vorbereitende Übung lohnt es sich, zunächst direkt nach der Geschichtsstunde einen Moment in sich zu gehen und in der Rückschau zu überlegen, welche Schülerimpulse gute Vorlagen für das nächste Level des Unterrichtsgesprächs gewesen wären. Dadurch sensibilisieren Sie sich für die Art der Beiträge, die Ihnen in den nächsten Stunden potenziell weiterhelfen werden.

Gerade in der Anfangszeit Ihrer Lehrtätigkeit tun Sie sich zudem leichter, wenn Sie einen erfahrenen Kollegen bitten, sich mit in Ihren Unterricht zu setzen und aus seiner Sicht vielversprechende Beiträge zu notieren (Tipp 76). Auf diese

› Tipp 76

Weise können Sie im Nachgang der Stunde gemeinsam überlegen, wie Sie diese für das Unterrichtsgespräch hätten verwerten können.

16 Mit Grundkursen und Leistungskursen arbeiten

Die in der Oberstufe übliche Unterscheidung von Grund- und Leistungskurs sagt nicht automatisch etwas darüber aus, wie motiviert die Schüler in den jeweiligen Lerngruppen sind. Tatsächlich sieht es in der Praxis so aus, dass auch im Grundkurs hochinteressierte Lernende sitzen können.
Mit den entsprechend anspruchsvollen Angeboten können Grundkurse zuweilen regelrecht über sich hinauswachsen. Versuchen Sie es doch einmal in der Einstiegsphase mit einem anspruchsvollen Archivprojekt (Tipp 80), und Sie werden schnell sehen, ob die Lernenden auf die üblicherweise den Leistungskursen vorbehaltene Arbeitsweise anspringen. Tun sie es nicht, ist nichts verloren. Klappt es aber doch, kann sich für die weitere gemeinsame Zeit eine gute Arbeitsatmosphäre und hohe Motivation entwickeln.

› Tipp 80

Betrachten Sie jeden Kurs als heterogene Lerngruppe, auf die Sie Ihre Geschichtsreihen möglichst passgenau zuschneiden sollten – völlig unabhängig davon, welches Etikett der Kurs trägt.

17 Mündliche Geschichtsnoten gezielt rückmelden

Mündliche Noten sind ein sensibles Thema – auch und gerade im Denkfach Geschichte – und können schnell zum Konfliktfall zwischen Lehrkraft und Schüler bzw. Eltern werden. Fremd- und Selbstwahrnehmung stimmen nun einmal nicht immer überein, und häufig herrscht noch die irrige Meinung vor, dass gute Noten bekommt, wer brav alle besprochenen Jahreszahlen auswendig gelernt und aufgesagt hat. Obwohl eigentlich zum Schutz der Privatsphäre der Schüler nicht gestattet, steht der Lehrer bei der Verkündung der mündlichen Noten im Alltag meist doch vor der Lerngruppe und liest diese eine nach der anderen ohne weiteren Kommentar vor, während alle zuhören. Auch wenn man es noch nicht selbst erlebt hat, kann man sich leicht vorstellen, dass es ziemlich schnell zu Unruhe kommt. Einige freuen sich über ihre Noten, andere naturgemäß weniger. Viele Schüler fühlen sich bloßgestellt – vorwiegend die mit den schlechteren Noten, aber auch die leistungsstarken, die dann befürchten müssen, als „Streber" gebrandmarkt zu sein. Immer wieder kommt es zu spontanen Diskussionen nach dem Motto „Warum hat der eine bessere Note als ich? Ich melde mich doch viel öfter!". Eine Frage, die in der dann entstehenden Hektik eher nicht ausführlich beantwortet werden kann.

Schutz der Privatsphäre

Um all das zu vermeiden und Ihren Schülern gleichzeitig eine differenzierte Rückmeldung zu ihren Leistungen zu geben, können Sie für jeden von ihnen eine kurze schriftliche Verbalbeurteilung vorbereiten. Das geht schneller als es klingt, zumal wenn man es nicht zum ersten Mal macht.

Schriftliche Verbalbeurteilung

Gleich mal ausprobieren

Legen Sie sich für jede Lerngruppe eine Tabelle mit den Namen, den jeweiligen mündlichen Noten und einigen Zeilen Beurteilung an. Die Beurteilung sollte in ihren Formulierungen Phrasen der offiziellen Notendefinitionen und Bemerkungen zur Qualität der Beiträge gemäß der einheitlichen Prüfungsanforderungen für das Fach Geschichte enthalten, damit auch klar wird, dass nicht nur die Anzahl der Meldungen, sondern vor allem deren inhaltliche Qualität wichtig ist. Wichtig sind weiterhin ein kurzer Verweis auf die Qualität und verlässliche Anfertigung von Hausaufgaben sowie auf die aktive Beteiligung an Gruppen- und Partnerarbeitsphasen. All das, so viel das jetzt klingt, ist in höchstens zehn Zeilen unterzubringen. Wenn Sie das einmal gemacht haben, verfügen Sie über einen Pool an Textbausteinen, der auch bei anderen Lernenden passt und Ihnen so die Arbeit erleichtert.

Sie können dann jedem Schüler seinen Abschnitt der Tabelle ausgeschnitten am Ende der Stunde mitgeben. Noten, die auf diese Weise bekanntgegeben werden, erfreuen sich einer deutlich höheren Akzeptanz bei Schülern und Eltern, minimieren nachträgliche Diskussionen und wahren die Privatsphäre der Schüler.

So könnte Ihre Verbalbeurteilung aussehen:

Lisa: 1 (sehr gut) Du bringst dich in jeder unserer Stunden sehr lebhaft und kenntnisreich ein. Deine Beiträge bringen uns in unseren Überlegungen stets weiter. Deine kritische Herangehensweise hilft auch deinen Mitschülern beim Bearbeiten von Quellen und ist ein wertvoller und verlässlicher Bestandteil unserer Diskussionen. Weiter so ☺!
Peter: 3 (befriedigend) Du meldest dich in unseren Stunden regelmäßig und beteiligst dich oft bei Bildbeschreibungen oder Wiederholungen aus der letzten Stunde und lieferst gute Erklärungen für neue Themenbereiche. Versuche nun noch, dich auch bei Diskussionen stärker einzubringen und deine Meinung dabei mit guten Argumenten zu vertreten.
Anna: 5 (mangelhaft) Leider beteiligst du dich nur selten an unseren Gesprächen im Unterricht. Auch erledigst du deine Hausaufgaben nicht verlässlich und bringst dich während der Gruppenarbeiten nicht ein. Ich bin sicher, du kannst das besser, nur Mut!

Lehrfahrpläne für Kursarbeiten erstellen

18

Mit der Erstellung eines Lernfahrplans helfen Sie den Schülern Ihres Oberstufenkurses, sich optimal auf die erste Kursarbeit bei Ihnen vorzubereiten. Bei diesem Hilfsmittel handelt es sich um nichts anderes als eine Übersicht in Tabellenform, die die einzelnen Themenfacetten mit dazugehörigem Datum der Arbeitsblätter, einigen Querverweisen zu zusätzlichen Lernmöglichkeiten im Internet und den entsprechenden Seitenzahlen im Buch aufführen. Auf diese einfache Weise nehmen Sie Ihren Schülern einen großen Teil der Prüfungsangst und geben nebenbei eine Anleitung zum strukturierten Lernen. Zudem sichern Sie sich selbst für den Fall ab, dass die erste Kursarbeit schwach ausfällt und die Frage aufkommt, ob der Kurs denn gut vorbereitet war. Wenn Sie einen Lernfahrplan vorweisen können, sind Sie in dieser Hinsicht immer auf der sicheren Seite.

Prüfungsangst abbauen

Thema	Material
Das Krisenjahr 1923	Eure Handouts zu den Themen: Hitlerputsch (5.5.) Inflation (5.5.) Ruhrkrise (12.5.) Weltwirtschaftskrise (12.5.) Kommunistische Revolutionsversuche (19.5.) Zusätzliche Infos im Buch, S. 28–31 und unter https://www.dhm.de/lemo/jahreschronik/1923

Methode	Material
Analyse politischer Poster	Zum Nachschlagen: Geschichtsuch S. 26 + 27

Bei den weiteren Kursarbeiten können Sie die Aufgabe des Erstellens eines Fahrplans auch einem stets wechselnden Schülerteam übertragen, sodass Ihr Kurs in der Vorbereitung auf das Abitur eine wirklich gute Übersicht über die behandelten Aspekte zur Verfügung hat.

Korrekturbögen ausgeben

19

› Tipp 18

Dasselbe Prinzip der Transparenz wie bei den Lernfahrplänen für Kursarbeiten (Tipp 18) gilt für die Besprechung von Klassen- und Kursarbeiten nach deren Rückgabe. Hier empfiehlt sich die Erstellung eines Korrekturbogens, der bei der Rückgabe der Arbeit ebenfalls an die Schüler ausgeteilt wird. Tippen Sie Ihre Notizen, die Sie sich während der Korrektur sonst handschriftlich machen würden, einfach ab, also etwa häufig gemachte Fehler, besonders schöne Schülerformulierungen und -gedankengänge sowie sprachliche Aspekte, die häufig aufgetreten sind. Setzen Sie die Tabelle zur Punktevergabe und Notenverteilung darunter, ergänzen Sie den Durchschnitt und geben Sie einen Überblick über mögliche Antworten. Wenn Sie im letzten Teil Sätze aus besonders gelungenen Schülerantworten zitieren, natürlich ohne Namen zu nennen, freuen sich Ihre Schüler, fühlen sich bestätigt und wertgeschätzt. Ein solcher Bogen hat gleich zwei Vorteile: Ihre Schüler können ihn vor der nächsten Arbeit für die Vorbereitung wieder zur Hand nehmen und Sie machen Ihre Bewertungen absolut transparent.

Transparenz schaffen

Das Schulbuch ergänzen

20

Bei der Übernahme eines neuen Leistungskurses Geschichte stellt sich die Frage, ob Sie neben dem bereits eingeführten Schulbuch mit Ihrem Kurs weitere Materialien anschaffen. So können bei manchen Themen geeignete Nachschlagewerke herangezogen werden, um den Schülern den historischen Kontext klarzumachen. Hilfreich sind hier historische Atlanten, die einen chronologischen Durchlauf mit Übersichtskarten und Schaubildern verbinden und mit deren Hilfe individuelle Wissenslücken von den Schülern selbstständig geschlossen werden können. Zusätzlich können Sie diese als Fundus für vorbereitende Hausaufgaben nutzen, um eine sichere Wissensbasis für im Unterricht betrachtete

Themen zu schaffen. Diese Anschaffung kann entweder in Absprache mit den Eltern privat erfolgen (die Kosten bewegen sich meist um die zehn bis fünfzehn Euro) oder auch durch die Schule im Klassensatz.

Operatoren einüben

21

Immer wieder kommt es vor, dass Schüler beim ersten Lesen der schriftlichen Abituraufgabe ihren Lehrern ratlose Blicke zuwerfen, weil sie die Aufgabenstellung mangels Operatorenkenntnissen nicht richtig verstehen. Das geschieht, wenn der Lehrer über die ganze Oberstufe hinweg sowohl im mündlichen Bereich als auch in den Kursarbeitsaufgaben mit W-Fragen arbeitet, anstatt Operatoren zu verwenden. Letztere fallen dann im Abitur für die Lernenden quasi vom Himmel. Die von der Kultusministerkonferenz festgelegten einheitlichen Prüfungsanforderungen (Tipp 55) beinhalten auch eine Übersicht derjenigen Operatoren, die das jeweilige Anforderungsniveau bezeichnen. Es hilft, sich diese bei der Übernahme eines neuen Kurses wieder ins Gedächtnis zu rufen und sie dann im Unterrichtsgespräch und erst recht in Tests und Kursarbeiten für alle Bereiche konsequent zu nutzen.

› Tipp 55

Für die Lernenden ist es eine große Hilfe, wenn Sie ihnen zu Beginn der Oberstufe die oben erwähnte Operatoren-Übersicht in kopierter Form ausgeben. Darin ist erläutert, was genau bei welchem Operator von den Schülern erwartet wird. Auf diese Weise ist Ihr Kurs top vorbereitet und es wird zumindest in Bezug auf die Formulierung der Aufgaben im Abitur keine Ratlosigkeit geben.

Operatoren-Übersicht austeilen

Die mündliche Abiprüfung üben

22

Hier noch ein wichtiger Tipp zum Stichwort Abitur: Bedenken Sie, dass die mündliche Abiturprüfung für gewöhnlich die erste mündliche Prüfung überhaupt im Leben Ihrer Schüler darstellt. Es erspart Ihrem Kurs viel Stress und einiges an Prüfungsangst, wenn Sie die Situation vorher einmal im Rollenspiel nachstellen. Dazu empfiehlt es sich, ein Thema zu wählen, das nicht im Prüfungskanon vorgesehen ist, aber dennoch im Unterricht behandelt wurde. Kündigen Sie den Probelauf eine Woche vorher an, um dem Kurs Gelegenheit zu geben, sich nochmals in das Thema einzulesen und sich mit dem Gedanken anzufreunden. Am „Prüfungstag" losen Sie aus, wer der Glückliche sein wird, der sich der Probeprüfung stellen darf. Spielen Sie das volle Programm durch – mit Vorbereitungszeit, Aufgabenblatt plus Materialienblatt und ernsthaftem Prüfungsgespräch in Echtzeit. Geben Sie Ihren Schülern im Anschluss einen Einblick in die Art und Weise der Notenfindung und weisen Sie nochmals auf die unterschiedlichen Anforderungsbereiche in den Aufgabenstellungen hin (Tipp 21). Sie werden sehen, Ihr Kurs wird deutlich entspannter in die mündlichen Prüfungen gehen.

Das volle Programm durchspielen

› Tipp 21

Mit extremen Meinungen umgehen

23

Gerade im Fach Geschichte kann es vorkommen, dass Sie sich mit extremen Ansichten einzelner Schüler konfrontiert sehen. Manchmal besteht sogar Anlass zur Sorge, etwa dass ein Schüler in das rechtsextreme Milieu abdriftet. Solche Probleme kündigen sich gewöhnlich über Kleinigkeiten an, beispielsweise durch einschlägige Aufkleber oder einzelne Bemerkungen im Unterrichtsgespräch. Wenn Sie bisher ein vertrauensvolles Verhältnis zum betreffenden Schüler hatten, suchen Sie zunächst das (Einzel-)Gespräch. Bringt Sie das jedoch nicht weiter, beraten Sie sich am besten mit

Gespräch suchen

einem Kollegen Ihres Vertrauens, der ebenfalls den Schüler kennt. Aber Vorsicht, Gerüchte im Kollegium sollten zum Schutz des Schülers unbedingt vermieden werden.

Unterstützung im Kollegium holen

Bevor weitere Schritte verfolgt werden, hilft es manchmal, für die gesamte Klasse bzw. den gesamten Kurs eine allgemeine Informationsstunde durch einen Experten zu organisieren (Tipp 71). Nach der Stunde können Sie sich dann von ihm zusätzlich Rat holen. Erst wenn der Schüler auch dann keinerlei Anzeichen von beginnender Einsicht zeigt, empfiehlt es sich, den Klassen- bzw. Stammkurslehrer des Schülers und die Schulleitung mit einzubeziehen. Auch die Eltern müssen dann eingebunden werden. Bei Gefahr im Verzug, wie etwa der Bedrohung anderer Schüler, kann die Schulleitung ein zunächst temporäres Schulausschlussverfahren anstreben und mit der Polizei zusammenarbeiten. All das stellt allerdings eine Eskalation dar, die den Schüler wohl kaum zur Einsicht bringt, sondern vermutlich eher verstockt in seiner Überzeugung verharren lässt oder sogar noch weiter radikalisiert. Darum sollte jeder Schritt wohlüberlegt sein.

› Tipp 71

Wohlüberlegt vorgehen

Ziel ist es, dem Schüler Alternativen aufzuzeigen, in härteren Fällen vielleicht auch Ausstiegsmöglichkeiten zu eröffnen. In jedem Fall muss klar sein, dass eine mit der Verfassung unvereinbarende Grundhaltung nicht toleriert wird.

DIE EIGENE GESCHICHTSBEGEISTERUNG PFLEGEN

24

Im Alltagstrott oder auch -stress der Schule können einem Lehrer manchmal die Leidenschaft für das eigene Fach und der Spaß an der Geschichte etwas verlorengehen. Das ist nicht nur ungeheuer schade für ihn selbst; es strahlt auch auf die Schüler aus. Ungewollt weckt der Lehrer durch seine eigene Leidenschaftslosigkeit bei ihnen Langeweile statt Begeisterung. Die Schüler haben keine Lust auf den Unterricht, der Frust oder gar Stress für den Lehrer steigt, und ein Teufelskreis schließt sich.

Gönnen Sie sich doch hin und wieder einen Besuch in einer spannenden Ausstellung zu einem historischen Thema oder fahren Sie an einen historischen Ort, den Sie in aller Ruhe besichtigen können. Treffen Sie sich mit Fachkollegen aus anderen Schulen, Bundesländern oder Ländern zum Austausch. Also, nicht vergessen ...

25 Personalisieren

Den Schülern fällt es oft schwer, sich in eher abstrakte Phänomene oder auch einfach nur in das Leben von Menschen in anderen Zeiten hineinzudenken. Das trifft vor allem in den Anfangsjahren zu, in denen die Lernenden sich mit Geschichte auseinandersetzen.

Personen in den Mittelpunkt der Narrative stellen

Hilfreich ist hier eine Vorgehensweise, die unter dem Stichwort „Personalisieren" zusammengefasst wird. Damit ist gemeint, dass historische Zusammenhänge bevorzugt an Personen festgemacht werden, um eine Identifikation im weitesten Sinne, wenigstens aber einen konkreten Anhaltspunkt innerhalb des für die Lernenden gefühlt unübersichtlichen Themas zu ermöglichen. Das können entweder real existierende Persönlichkeiten aus der Geschichte sein oder Figuren, die so nie gelebt haben, aber eine bestimmte Gesellschaftsgruppe im Sinne der Sozialgeschichte repräsentieren. Eine solche fiktive Person kann auch im Alter der Schüler sein, diese quasi an die Hand nehmen und durch die gesamte Themenreihe führen.

Personen als Anker durch die Reihe hindurch

Für die Reihe zu Ägypten könnte das etwa so aussehen:

- Der, wie uns sein aufwendig gestaltetes Totenbuch verrät, real existierende Schreiber Hunefer könnte als Kommentator an verschiedenen Stellen im typischen Schreibersitz auftreten;
- eine erfundene Bäuerin, die aber einen Großteil des ägyptischen Volkes repräsentiert, könnte mit einem passenden Namen versehen aus der vermutlichen Sicht ihrer Schicht die Teilaspekte der Reihe kommentieren, da sie ja eine

„stumme", also eine nicht durch eigene Schriften repräsentierte Gruppe vertritt, oder
- die erfundene Tochter eines Arbeiters aus der Siedlung Deir el-Medina könnten diese Rolle übernehmen.

Um die Ecke gedacht

Noch näher an der Lerngruppe sind eingeführte fiktive Persönlichkeiten als im Sinne der *gender balance* ausgewogenes Team, bestehend aus einem Mädchen und einem Jungen. Je nach kultureller Zusammensetzung Ihrer Klasse können diese natürlich auch Namen und Kleidung aus unterschiedlichen Kulturbereichen tragen.

Entscheiden Sie, welche Möglichkeit sich für Ihre Klasse am besten eignet. Wichtig ist grundsätzlich nur, dass den Schülern klar ist, ob es sich um erfundene Personen handelt oder nicht.
Die gewählte Identifikationsfigur kann durch eine Erzählung am Anfang der Reihe eingeführt werden und auf Arbeitsblättern als kleines Bild in der Kopfzeile immer wieder auftauchen. Das hat dann den zusätzlichen Vorteil, dass die Schüler auf einen Blick alle zum Thema gehörenden Arbeitsblätter erkennen.

KONKRETISIEREN

26

› Tipp 25

So anschaulich wie möglich

In den Anfangsjahren im Fach Geschichte hilft neben dem Personalisieren (Tipp 25) ein weiterer Trick, um den Stoff für die Schüler leichter verdaulich zu machen: das „Konkretisieren". Gemeint ist damit, dass abstrakte Zusammenhänge oder auch Verfassungsschaubilder, der Alptraum jedes Schülers, durch möglichst anschauliche Beispiele klarer gemacht werden.
Bieten Sie hierzu etwa ein Fallbeispiel an, das die Auswirkungen der neuen Verfassung an der Biografie einer historischen Persönlichkeit aufzeigt. Sie können aber auch ein Rollenspiel initiieren, in dem etwa ein politisches System von fiktiven

Vertretern unterschiedlicher Gesellschaftsgruppen diskutiert wird. Hierbei helfen Rollenkarten, die den Lernenden Anhaltspunkte für Verhalten, Argumentations- und Ausdrucksweise „ihrer“ Person geben. Ein Bauer wird in einer Wirtshausdiskussion anders auftreten als ein Student oder auch ein Angehöriger des Adels oder ein Pfarrer. Cleveren Schülern fällt schnell auf, dass eine solche Personenkonstellation im richtigen Leben eher unwahrscheinlich gewesen wäre. Im Rahmen der Reflexion am Ende der (Doppel-)Stunde kann dann eine kritische Diskussion darüber geführt werden, ob die Gruppen tatsächlich in dieser Form miteinander diskutiert hätten bzw. warum oder warum nicht. Und ehe man sich's versieht, ist die Klasse mitten in einer Auseinandersetzung mit eigentlich abstrakten politischen Auswirkungen historischer Ereignisse auf unterschiedliche Bevölkerungsgruppen.

Reflexionsrunde bringt tiefere Erkenntnisse

Gleich mal ausprobieren

Die Schüler einer eher leistungsstarken Lerngruppe können Sie mit der Aufgabe herausfordern, in einer vorbereitenden Hausaufgabe auf der Basis angeleiteter Recherche ihre Rollenkarten selbst zu gestalten. Auch hier wird am Ende eine Reflexion die Frage aufwerfen, inwiefern diese sich eng an der historischen Situation orientieren oder eher abschweifen. Dies kann den Lerneffekt noch erhöhen. Aber Vorsicht: Schwächere Schüler könnten Sie mit dieser Aufgabe überfordern, was dann leicht zu Frust führt. Hier wird Ihnen Ihr pädagogisches Fingerspitzengefühl helfen zu entscheiden, ob diese Aufgabe für Ihre Klasse geeignet ist oder nicht.

27 Ein Porträt sprechen lassen

Herrscherporträts haben für gewöhnlich – insbesondere aus der Sicht der jüngeren Schüler – einen eher spröden Charme. Kein Wunder, geht es doch nach den ersten Eindrücken ans Eingemachte, sprich, die detailfreudige Analyse und Interpretation nebst Einbettung in den historischen Kontext. Auch wenn Sie diese den Schülern nicht ersparen können – durch den Einbau einer kleinen kreativen Aufgabe können Sie das Ganze wenigstens an einer Stelle etwas auflockern. Lassen Sie Ihre Schüler dem Herrscher oder der Herrscherin doch einmal selbst Worte in den Mund legen, die er oder sie möglicherweise als Botschaft dem Betrachter hätte sagen können. Teilen Sie Folienschnipsel mit einer leeren Sprechblase aus, die die Schüler dann in Gruppenarbeit mit einer passenden Aussage füllen dürfen. Anschließend wird verglichen und gemeinsam überlegt, welche Aussage aus welchem Grund besonders passend ist. Sie werden überrascht sein, wie treffend sich die Schüler ausdrücken können, wenn die Aussage in eine Sprechblase passen muss!

Bildanalyse

Ludwig XIV. im Krönungsornat (Porträt von Hyacinthe Rigaud, 1701)

Geschichtscomics einsetzen

28

Warum nicht einmal ein Comic bzw. eine *Graphic Novel* im Geschichtsunterricht einsetzen? Diese Kunstform kann in allen Jahrgangsstufen der Sekundarstufe I zum Einsatz kommen und bringt meist völlig neue Themenfacetten zum Vorschein. Vom Klassiker wie „Asterix", der naheliegenderweise in einer Reihe zum Römischen Reich verwendet werden kann (van Royen/van der Vegt 1998), über „300" zur Schlacht bei den Thermopylen (Miller/Varley 1998) bis hin zu „Die Suche" (Heuel/van der Rol/Schippers 2010) und dem Klassiker „Maus" (Spiegelmann 2008), die sich beide mit dem Themenkomplex des Nationalsozialismus befassen, gibt es eine Reihe von Veröffentlichungen, die sich für den Einsatz im Unterricht eignen. Je nach Zeitrahmen können einzelne Panels für Einstieg, Vertiefung oder auch als Extraaufgabe im Rahmen einer binnendifferenzierenden Planung (Tipp 30) verwendet werden. Alternativ kann das Comic auch als roter Faden durch die gesamte Reihe führen. (Schöne Anregungen für den Einsatz von Comics bietet der Band von Mounajed/Semel 2010, s. Literaturliste).

› Tipp 30

Achtung!

Mittlerweile können erfreulicherweise viele Autoren über Facebook kontaktiert und befragt werden. Für die Schüler verleiht dies der Beschäftigung mit dem jeweiligen Thema eine weitere Aktualität und zusätzliche Dimension. Diese Kontaktaufnahme über Facebook muss allerdings außerhalb des Unterrichts stattfinden, da die meisten Bundesländer mittlerweile Richtlinien haben, die die Nutzung der Plattform im Unterricht einschränkt oder gar ausschließt.

Mit Geschichtserzählungen motivieren

29

Vor allem im Anfangsunterricht Geschichte können Sie mit einer kleinen Geschichtserzählung am Anfang der Stunde den Einstieg motivierend gestalten. Den Schülern fällt es dadurch manchmal leichter, sich in ein Thema hineinzudenken. Erfahrungsgemäß lieben gerade die jüngeren Schüler solche Erzählungen, viele von ihnen verbinden damit positive Situationen aus dem Elternhaus.
Die Schüler dürfen die Augen schließen und sich entspannt hinsetzen, vielleicht den Kopf auf die Arme legen. Je nach Neigung können Sie eine selbst ausgedachte oder aus einer Sammlung entnommene Geschichte frei vortragen oder auch vorlesen.

Um die Ecke gedacht

Eine gut recherchierte Sammlung von Geschichten in passender „Einstiegslänge" bietet der Band „Geschichte(n) erzählen. So lebten die Menschen in ..." (Adelmaier/Filser/Hasberg/Wandl 1999).

Aufmerksamkeitsspanne nicht überfordern

Das Vorlesen sollte insgesamt höchstens fünf Minuten dauern, um weder die Aufmerksamkeitsspanne der Schüler zu überfordern noch das Zeitbudget der Stunde zu überziehen. Lassen Sie im Anschluss zunächst im Plenum den Inhalt der Geschichte zusammenfassen und formulieren Sie Fragen zu den Motiven der handelnden Personen, die dann mittels geeigneter Materialien durch die Stunde tragen. So könnte etwa eine Frage „Warum jagten die Steinzeitmenschen immer in Gruppen?" zur Stundenfrage „Überleben in der Steinzeit – nur im Team?" führen. In diesem Gespräch sollte auch die Bemerkung fallen, dass die Geschichte erfunden ist, sich aber so oder so ähnlich hätte zutragen können. Am Ende der Stunde oder Reihe können Sie die Geschichte nochmals aufgreifen: Lassen Sie die Schüler auf der Basis der gewonnenen Einsichten bewerten, ob sie die Geschichte überzeugend finden oder ob Einzelheiten vielleicht geändert werden sollten, weil sie nicht der Quellenlage entsprechen. Auf diese

Alle drei Anforderungsebenen werden geschult

Weise bedienen Sie alle drei für Geschichtsunterricht geforderten Anforderungsebenen.

Gleich mal ausprobieren

Als Variante dieser Vorgehensweise können Sie den Schülern die Langzeitaufgabe stellen, sich eine eigene Geschichte zum Thema der Reihe auszudenken und diese aufzuschreiben (Tipp 38). Die Geschichte kann, während die Reihe voranschreitet, um Einzelheiten ergänzt werden, die sich auf die jeweiligen Stundenerkenntnisse stützen. Vielleicht ergibt sich auch die Gelegenheit, dass ein Schüler seine Geschichte der nächstjüngeren Klasse erzählt, wenn diese bei diesem Thema „angekommen" ist.

› Tipp 38

30 Binnendifferenzieren

Möglichst individualisiert fördern

Hinter diesem Wortungetüm verbirgt sich bekanntlich der Gedanke, Schülern mit ihren jeweiligen individuellen Talenten und Bedürfnissen durch maßgeschneiderte Lernangebote gerecht zu werden und eine möglichst optimale Förderung zu gewährleisten. Das gilt unabhängig davon, ob man in der Sekundarstufe I oder II unterrichtet. Dieser Vorsatz gestaltet sich im Alltag, wenn Sie als Geschichtslehrer viele verschiedene Lerngruppen unterrichten, naturgemäß schwierig und vor allem aufwendig. Oft genügen aber schon kleine Maßnahmen, die den Schülern dennoch das Arbeiten enorm erleichtern.

Materialauswahl

Was sich so gut wie immer machen lässt, ist, ab und zu unterschiedliche Materialien zum selben Thema zu erstellen und je nach Interessenlage, kulturellen Hintergründen und Leistungsvermögen der Schüler zu gestalten. Zum Beispiel interessieren sich manche Schüler vor allem für Alltags- und Sozialgeschichte, während andere sich stärker für historische Persönlichkeiten, Erfindungen, Entdeckungen und Ähnliches begeistern lassen. Lernende, deren Familie aus Griechenland stammt, fühlen sich angesprochen, wenn ein

Fallbeispiel aus ihrer Herkunftsgegend gewählt wird, Lernende mit türkischem Hintergrund finden einen Querverweis auf das Osmanische Reich im Mittelalter spannend und so weiter. Ihrer Kreativität in dieser Hinsicht sind keine Grenzen gesetzt. Auch ist es mit nur geringem Aufwand verbunden, zum selben Thema eine Text- und eine Bildquelle zur Auswahl zu stellen. Schülern, die sich mit dem Textverständnis von längeren Schriftquellen schwertun, hilft eine aus einer OHP-Folie selbst zugeschnittene Schablone[1], die Schlüsselstellen der betrachteten Quelle markiert. „Erste-Hilfe-Kärtchen" mit erläuternden Anmerkungen, die am Lehrerpult eingesehen werden können, erleichtern ebenfalls die Arbeit; sie können Zusatzinformationen enthalten, wie beispielsweise Worterklärungen von in der Quelle verwendeten Fremdwörtern und Namen, aber auch Hinweise auf Text- und Bilderschließungstechniken helfen weiter. Darüber hinaus kann man unterstützende Hinweise geben wie: „Du findest dich in der Quelle nicht zurecht? Dann achte besonders auf Z. 14 – 30)".

Hilfsschablonen

Gleich mal ausprobieren

Warum nicht mal den Alltagstrott durch eine Stationenarbeit unterbrechen? Für uns Historiker bietet diese Methode quasi einen Rundumschlag. Faktenkenntnisse können ebenso eingebunden werden wie die Einbettung in den historischen Kontext, sowohl Querschnitte als auch Fallstudien lassen sich untersuchen. Auch eine fachmethodische Übung kann damit verbunden werden. Audio- und Videostationen bedienen unterschiedliche Lernkanäle und das Einbinden aller drei Anforderungsebenen ist sehr einfach.

Angesichts des zugegebenermaßen recht hohen Erstaufwands mag der ein oder andere vor dieser Methode erst einmal zurückschrecken. Dabei bietet sie gute Möglichkeiten zur Interessens- und Leistungsdifferenzierung, da die Vorgaben des Lehrplans an den Pflichtstationen, Materialien nach

1 An dieser Stelle herzlichen Dank an meine ehemalige Referendarin Katharina Kaiser, die mich auf diese Idee gebracht hat.

Neigung an den Wahlstationen verwendet werden können. Einmal erstellt (und vielleicht auch für die Ewigkeit laminiert), lässt sich eine Stationenarbeit immer wieder einsetzen und erspart so auf Jahre hinaus viel Arbeit. Einzelne Stationen können nach Bedarf ausgetauscht oder ergänzt werden, wenn beispielsweise die aktuelle politische Lage einen neuen Gegenwartsbezug nahelegt. Besonders leicht geht die Erstellung der einzelnen Stationen von der Hand, wenn sich mehrere Kollegen derselben Jahrgangsstufe zusammentun und jeder eine oder zwei Stationen übernimmt.

31 Murmelphasen einschieben

Viele Lernende scheinen der Meinung zu sein, dass sie sich für den Rest der Schulzeit blamieren und ihre mündlichen Noten in Geschichte für die Ewigkeit im schlechten Bereich einfrieren, wenn sie nicht über einen erschöpfenden Fundus an Jahreszahlen, Namen, Schlagwörtern und historischen Orten verfügen. Dies trifft in gleichem Maße auf beide Sekundarstufen zu. Die unsicheren Kandidaten neigen dann dazu, sich vorsichtshalber nur in homöopathischen Dosen aktiv am Unterricht zu beteiligen.

Wenn natürlich auch diesen Schülern ein gewisses Maß an Vorbereitung nicht erspart bleibt, um sich im historischen Kontext zurechtzufinden, so können Sie ihnen durch eine taktisch günstig eingesetzte Murmelphase immerhin zusätzlich unter die Arme greifen. In einer solchen Murmelphase haben die Schüler die Möglichkeit, sich zunächst im kleinen Kreis zwanglos rückzuversichern und auszutauschen, und gewinnen dadurch zusätzlich Sicherheit. Dies gilt im Übrigen mindestens genauso sehr für Lernende, die sprachliche Defizite haben oder einfach eine etwas längere Bedenkzeit brauchen und im klassischen Unterrichtsgespräch den Spontaneren gegenüber stets im Nachteil sind.

Sicherheit vermitteln

Stegreifspiele einsetzen

32

Der Einstieg in die Geschichtsstunde ist ein wichtiger Moment: Hier entscheidet sich innerhalb sehr kurzer Zeit, ob die Lerngruppe sich für das Thema interessiert und den Rest der Stunde mit im Boot ist oder nicht. Gelingt es, in dieser Phase auf lebendige und schülernahe Weise eine Fragestellung aufzuwerfen, ist die Stunde im positiven Sinne gelaufen. Eine Möglichkeit, die Geschichtsstunde einer Klasse in der Sekundarstufe I so zu beginnen, sind Stegreifspiele. Gemeint sind hier kurze Spielszenen, die ohne langes Einfinden in eine Rolle und ohne komplizierte Regeln die Schüler nachdenklich machen und so in eine Problematisierung münden. Ein Beispiel hierfür ist eine fiktive Szene auf einem Sklavenmarkt an einem gewöhnlichen Tag irgendwo im Römischen Reich. Und das geht so: Man nehme sechs Freiwillige aus der Klasse, berate sich kurz mit ihnen in einer Ecke des Klassenraums und erläutere ihnen, dass vier von ihnen nun für kurze Zeit in die Rolle eines Sklaven schlüpfen. Die vier stellen sich dazu auf Stühle und werden von ihrem Verkäufer einem potenziellen Kunden zum Kauf angepriesen. Lassen Sie die Schüler selbst entscheiden, wer welche Rolle einnehmen soll, und geben Sie ihnen ein paar Minuten Zeit, um sich abzusprechen. Währenddessen instruieren Sie die restliche Klasse, aufmerksam zuzusehen und sich ein genaues Bild vom Verhalten der Personen zu machen. Sie können auch arbeitsteilig bestimmen, welche Gruppe in der Klasse sich auf das Verhalten des Käufers, des Verkäufers und der Sklaven konzentriert. Notizen sind nicht nötig, denn die Szene sollte nur einige Minuten andauern, dann ist das Problem meist schon klar. Nach erfolgtem Spiel befragen Sie zunächst die Schauspieler, wie sie sich beim Spielen gefühlt haben. Sodann darf das Publikum von seinen Beobachtungen berichten. Schnell werden Äußerungen fallen, wie „Ich habe mich gefühlt wie ein Gegenstand", „Die haben mich nicht behandelt wie einen Menschen" o. Ä. Von diesen Aussagen ist es nur noch ein kleiner Schritt zur Fragestellung nach dem Status von Sklaven im Römischen Reich. Sie können nun

Ein Spiel zum Einstieg

Beobachtungsaufträge

Quellen für die Erarbeitung anbieten, bevor Sie gemeinsam ein Fazit ziehen. Führen Sie in dieser Lerngruppe zum ersten Mal ein solches kurzes Rollenspiel durch, empfiehlt es sich, am Ende der Stunde mit der Klasse die Methode selbst auf der Meta-Ebene zu diskutieren (Tipp 53).

› Tipp 53

Achtung!

Für eine Spielszene ist es ebenso wenig hilfreich, Schülern, die vor lauter pubertierendem Ego kaum laufen können, eine Bühne zu geben, wie völlig verschüchterte und unsichere Schüler quasi auf die Bühne zu zerren. Hier kommt Ihr Fingerspitzengefühl im Umgang mit Ihrer Lerngruppe zum Einsatz. In noch spielunerfahrenen und sehr unruhigen Klassen kann auch die Variante gewählt werden, dass sich zwei oder drei Großgruppen jeweils für ihre eigene Spielszene plus Publikum zusammentun. In diesem Fall ist die Hemmschwelle deutlich geringer und die Befürchtung, vor der ganzen Klasse in eine peinliche Situation zu geraten, entschärft. Allerdings dauert diese Variante circa zehn Minuten länger.

Für diese Möglichkeit verteilen sich die Schüler in unterschiedlichen Ecken des Klassenraumes und verhandeln jeweils ihre Version des Rollenspiels, die Rollenverteilung, Texte etc. Auf Ihr Signal hin beginnen alle Gruppen zeitgleich, ihre Szene zu spielen. Sie können derweil zwanglos durch das Zimmer gehen und in die verschiedenen Abläufe hineinhören. Auf Ihr erneutes Signal hin wird die Spielphase beendet und Sie können ein Wirkungsgespräch im Plenum führen. Hierfür sollten nicht alle wieder an ihre Plätze zurückkehren, sondern in ihren Gruppen bleiben. Erstens spart das Zeit und zweitens fällt es vielen leichter, sozusagen „im Schutz ihrer Gruppe“ über ihre Wahrnehmungen zu sprechen. Durch Ihre Impulsgebung und mithilfe der Schüleräußerungen wird eine Problematisierung nun sehr leicht, sodass Sie vom Konkreten, persönlich Erlebten zum Abstrakteren überleiten können.

Ein Bild im Einstieg nachstellen lassen

33

Es kann eine motivierende Alternative zum klassischen Bildeinstieg sein, einfach mal ein Bild durch die Schüler nachstellen zu lassen. Dafür bitten Sie eine Gruppe, die Positionen der Personen im Bild, deren Haltungen, Gestiken und Mimiken in einem *Freeze* wiederzugeben. So stellt sie sich vor dem Rest der Klasse bzw. des Kurses auf. Die Zuschauer beschreiben dann dieses Bild vom Bild. Sie stellen Vermutungen darüber an, was dargestellt ist und welche Atmosphäre in dem echten Bild wohl herrschen könnte. Schließlich wird das Original per PowerPoint® oder als Folie an die Wand geworfen und mit der Nachstellung der Schülergruppe verglichen. Die an der Nachstellung beteiligten Schüler werden befragt, wie sie sich gefühlt haben bzw. was sie als schwierig und was sie als leicht umzusetzen empfunden haben. Ehe Sie sich's versehen, sind Sie mitten in einem angeregten Wirkungsgespräch, von dem aus es zur Problematisierung des Stundenthemas nicht mehr weit ist.

Wirkungsgespräch

Sie werden sehen: Wenn die Schüler jede Bildkomponente in ihrer Nachstellung rekonstruieren müssen, achten sie wesentlich genauer auf Details und tun sich dadurch später mit dem Bestimmen der Bildaussage leichter.

Achtung!

Bilder aus der Zeit des Nationalsozialismus und häufig auch des Imperialismus eignen sich naheliegenderweise nicht zum Nachstellen. Niemand möchte Schüler vor der Klasse stehen haben, die versuchen, den Hitlergruß oder die Misshandlung von anderen nachzuahmen.

Alternativ können auch zwei Gruppen vorn agieren. Deren Bildvarianten werden dann miteinander verglichen. Allerdings muss dafür entsprechend mehr Zeit eingeplant werden.

Um die Ecke gedacht

© bpk-images/Deutsches Historisches Museum

Dieses auf den ersten Blick emotional positiv aufgeladene Foto von Churchill, Truman und Stalin eignet sich sehr gut zum Nachstellen der Atmosphäre, da diese sich auf der Potsdamer Konferenz in Wirklichkeit grundlegend von dem hier demonstrierten Kooperationswillen und der eher aufgesetzten Sympathie unterschied. Beste Voraussetzungen also für eine Problematisierung ...

34 Alternative Sicherungsformen ausprobieren

Wie lässt sich das Einerlei von Tafel- oder Folienmitschrieben gegen Ende der Stunde in der Sicherungsphase durchbrechen, ohne auf eine sinnvolle Sicherung verzichten zu müssen? Versuchen Sie es doch einmal mit einer Visualisierung der Ergebnisse am Ende der Stunde. Dieses Vorgehen, das Sie prinzipiell in beiden Sekundarstufen einsetzen können, lässt sich gut am Beispiel von Bündnissystemen im Umfeld des Ersten Weltkrieges aufzeigen. Statt wichtige Staatenbündnisse und ihre Konsequenzen für die Weltpolitik an der Tafel aufzulisten, geben Sie Ihren Schülern den Arbeitsauftrag, diese in Gruppen als Standbilder darzustellen. Zur wei-

Ein Standbild als Visualisierung

teren Veranschaulichung sollten zumindest bei für diese Vorgehensweise ungeübten Lerngruppen Schilder mit den Ländernamen ausgegeben werden, eventuell auch unterschiedlich farbige Kreppbänder, die die einzelnen Bündnisse symbolisieren. Die Schüler beraten nun zunächst darüber, wie sie ihr Standbild gestalten wollen, und postieren sich dann gemäß der Bündnisse. Das entscheidende Land mit den meisten Bündnissen könnte etwa in stolzer Pose in der Mitte stehen, mit vielen Bändern in der Hand, die es mit seinen jeweiligen Bündnispartnern verbindet. Unbeteiligte oder auch absichtlich isolierte Länder könnten sich (mit wütender Miene) etwas abseits aufstellen. Weniger wichtige, aber verbündete Länder könnten zwar ein Band in der Hand haben, aber etwas geduckt dabeistehen ... und so weiter und so fort. Gestalterische Möglichkeiten gibt es viele, und die Schüler erweisen sich bei solchen Aufträgen als äußerst kreativ. Nach der Besprechung entscheidet die Lerngruppe, welches der Standbilder als Sicherung festgehalten werden soll. Von diesem Standbild machen Sie ein Foto, das Sie im Schulintranet in die Klassen- bzw. Kursgruppe stellen oder über den Mail-Verteiler rundschicken. Mit Sicherheit wird niemand die einzelnen Bündnisse und die daran beteiligten Länder so schnell vergessen.

Schüler kreativ sein lassen

Es bieten sich hier noch weitere Möglichkeiten an: Eher auditive Lerntypen möchten vielleicht einen Rap zu den Ergebnissen einer Reihe kreieren und aufführen, andere wollen lieber ein Lernposter gestalten oder auch einen großen Zeitstrahl, der sich einmal rund um das Klassenzimmer zieht und als Einordnungshilfe dienen kann. Dieser wird dann mit Markierungen, Bildern und kurzen Infotexten bestückt.

Musik einsetzen

35

Lieder

Lieder, zumal politische Lieder, stellen eine ebenso aufschlussreiche wie motivierende Quelle dar, wenn Sie sie als solche einsetzen. In allen Schulbüchern finden sich Texte historischer Lieder abgedruckt; ohne die entsprechende Musik bleiben sie jedoch unvollständig. Mit wenig Aufwand können Sie die zugehörigen Audioversionen im Internet finden. Ähnlich wie beim Film (Tipp 46, 47) hilft nach dem ersten Hören ein Wirkungsgespräch, in dem die Lernenden ihre Höreindrücke schildern. Diese können Sie an einer Seitentafel sammeln, um sie später bei der genaueren Analyse ergänzend in den Blick zu nehmen. Teilen Sie nach dem Gespräch ein Textblatt aus und spielen Sie das Lied nochmals ab, während die Schüler mitlesen können. Nun kann eine gewohnte Quellenanalyse folgen, bei der die Musik eine weitere Facette bietet. Lassen Sie die Schüler zusätzlich zur Textarbeit untersuchen, auf welche Weise die Musik die Gesamtaussage des Liedes transportiert.

› Tipp 46, 47

Klassische Musikstücke

Abgesehen von Liedern reflektieren auch viele klassische Musikstücke in der einen oder anderen Form die historische Entwicklung ihrer Entstehungszeit. Dies gilt für Opern, etwa die im 18. Jahrhundert entstandene „Figaros Hochzeit", deren Handlung auf der Seite www.mozart.com folgendermaßen umrissen wird: „Volk contra Adel. Revolution mal anders". Ebenso trifft dies auf Sinfonien zu, beispielsweise die zu Anfang des 19. Jahrhunderts komponierte „Eroica", deren Widmungsgeschichte in Bezug auf Napoleon eine eigene Betrachtung wert ist.

SOS-Tipp

Selbst für wenig musikaffine Lehrer ist der Einsatz von Musikstücken im Geschichtsunterricht durchaus zumutbar. Hier können Zusatzmaterialien aus der musikwissenschaftlichen Forschung oder spezielle Hilfsmaterialien für den Einsatz im Unterricht weiterhelfen. Fragen Sie ansonsten ruhig einen Musikkollegen um Rat, wenn Sie sich auf diesem Gebiet unsicher fühlen.

Achtung!

Gerade bei politischen Liedern liegt es in der Natur der Sache, dass eine starke Ideologisierung vorliegt. Stellen Sie sicher, dass die Schüler diese im Blick behalten. Ermutigen Sie sie nicht, solche Lieder mitzusingen – das könnte sonst zu bösen Missverständnissen führen. Mitschunkeln oder Mitklatschen durch die Schüler wird sich aufgrund der Tatsache, dass die Musik ja genau so angelegt ist, kaum vermeiden lassen, sollte aber direkt nach dem ersten Hören von Ihnen problematisiert werden.

Eine Lerntheke anbieten

36

Wenn Sie Ihre Lerngruppe etwas besser kennengelernt haben, werden Sie die unterschiedlichen Interessen und Bedürfnisse der einzelnen Schüler gut einschätzen können. Nehmen Sie doch einmal die Herausforderung an, im Sinne der Binnendifferenzierung (Tipp 30) eine Lerntheke zu gestalten. Stellen Sie zu einem bestimmten Thema je nach Klassen- bzw. Kursgröße und Interessenlage vier oder fünf völlig unterschiedliche Materialien zusammen, die Sie zur Auswahl stellen. Besonders reizvoll ist es, wenn Sie Texte, Bilder, Audiomaterialien (diese können die Schüler an Hörstationen mit ihren eigenen Kopfhörern anhören) und Videosequenzen miteinander kombinieren. Warum nicht auch einmal fremdsprachige Quellen zusammen mit einem Wörterbuch anbieten? Viellcicht haben Sie ja bilinguale Schüler in der Lerngruppe oder Heimkehrer von längeren Auslandsaufenthalten, die ihre Fremdsprachenkenntnisse auf diese Weise einbringen können. Diese Methode bietet den Schülern größtmögliche Freiheiten beim Lernen und fällt unter das Stichwort des forschend-entdeckenden Lernens.

› Tipp 30

Forschend-entdeckendes Lernen

Um die Ecke gedacht

Wenn Sie die Gesamtanzahl der Kopien an der Kursgröße orientieren und nicht jedes Material für alle Lernenden kopieren, geraten Sie auch nicht in die Situation, dass manche Materialien sofort vergriffen sind, während andere noch stapelweise auf Abnehmer warten. Das erleichtert Ihnen die Planung des abschließenden Fazitgesprächs, bei dem dann in der Tat alle Themenfacetten behandelt werden.

37 Ein Portfolio für die Geschichtsnote nutzen

Da die Notengebung auch im Fach Geschichte in der Sekundarstufe I unterschiedliche Formen der Leistungsmessung beinhalten soll, haben Sie alle pädagogische Freiheit der Welt, um die Leistungen Ihrer Schüler auf der Basis einer ausgewogenen Kombination unterschiedlicher Feststellungsverfahren zu überprüfen. Es müssen also nicht immer nur Tests und mündliche Noten sein!

Ein Portfolio ist als alternative Form der Leistungsmessung sehr zu empfehlen. Abgesehen davon, dass es für Sie eine schriftliche Grundlage für die Notengebung liefert, stellt es für die Lernenden eine Möglichkeit der Selbstreflexion dar.

Gestaltungsfreiräume

Durch die Freiräume für individuelle und kreative Gestaltung, die sich bei der Portfolioarbeit bieten, empfinden viele Schüler diese zudem als wesentlich motivierender als die Vorbereitung auf klassische Überprüfungen.

Ein Portfolio ist im Prinzip nichts anderes als eine Mappe, die durch die Unterrichtsreihe hindurch mit sämtlichen erstellten Schülerprodukten gefüllt wird. Darin finden sich also Quellenanalysen, Hausaufgaben, Ergebnisse eigener Recherchen, ausgedruckte Hintergrundinformationen, Berichte über Museumsbesuche zum Thema und vieles mehr. Ermutigen Sie Ihre Schüler, kreativ an die Sache heranzugehen. Selbst erdachte Schaubilder, Lernposter, Mindmaps oder auch Karikaturen verankern die neu gewonnenen Erkenntnisse wesentlich nachhaltiger als abgeschriebene Aufzählungen oder Tabellen. Wichtig ist, dass die Lernenden am Ende der Reihe ihren Lernprozess und den Lernerfolg selbst einschätzen und schriftlich reflektieren. Diese Reflexion ist ebenso Bestandteil der Bewertung wie das Niveau der Ausarbeitungen sowie eine ordentliche und lückenlose Führung der Portfoliomappe.

Achtung!

Klassen, die den Umgang mit Portfolios noch nicht gewohnt sind, brauchen für den Reflexionsteil erfahrungsgemäß etwas Hilfestellung und Übung. Mehrere kurze schriftliche Reflexionen zum Lernprozess und zu den gewonnenen Erkenntnissen einzelner Geschichtsstunden als Hausaufgabe können für größere Sicherheit und Versiertheit sorgen. Ganz nebenbei bieten solche schriftlichen Reflexionen für Sie eine aufschlussreiche Rückmeldung zu Ihrem Geschichtsunterricht.

Einen kreativen Schreibauftrag geben

38

In die Vergangenheit eintauchen?

In vielen Lehr- und Rahmenplänen wird gefordert, dass im Geschichtsunterricht die Empathiefähigkeit der Lernenden zu schulen sei. Dies wird meist mit der etwas vagen Umschreibung übersetzt, die Lernenden sollten sich in das historische Geschehen und/oder die handelnden Personen „hineinversetzen". Ist dieses Anliegen an sich schon schier unmöglich, kommt außerdem noch die Komponente des Fremdverstehens hinzu, was bedeutet, dass das Handeln historischer Personen innerhalb der Zwänge der jeweiligen Zeit nachvollzogen und verstanden werden soll. Wie aber diese hehren Ziele im Unterrichtsalltag erreicht werden sollen, dazu liest man eher selten etwas.
Gerade die jüngeren Schüler brauchen hierbei verstärkt Hilfestellungen. Als Lehrer können Sie sich der Sache zumin-

dest ein Stück weit annähern, indem Sie bei passenden Themen als Hausaufgabe den Auftrag geben, einen möglichen Tagebucheintrag, einen Brief an einen Freund oder auch einen Dialog aus dem Leben einer fiktiven Person aus der gerade behandelten Epoche zu verfassen. Das könnte zum Beispiel eine der handelnden Personen einer bereits eingesetzten Geschichtserzählung sein (Tipp 29). Warum nicht den Lernenden die Wahl überlassen, was genau sie machen möchten? Auch wenn nicht alle Zwänge der betrachteten Zeit erfasst werden können, unternehmen die Schüler dabei doch zumindest den Versuch, sich in eine historische Zeit hineinzuversetzen. Oft gestalten sie bemerkenswerte Texte mit viel Liebe zum historischen Detail. Die Ergebnisse der vorangegangenen Stunde werden so auf kreative Weise umgewälzt und immanent wiederholt.

› Tipp 29

Diese Vorgehensweise bietet sich vor allem im ersten und zweiten Lernjahr Geschichte an und kann auch als eine von mehreren möglichen Wahlhausaufgaben gestellt werden.

(Fast) Bilingualen Geschichtsunterricht ausprobieren

39

Fremdsprachige Quellen nutzen

Selbst wenn Sie in Ihrer Fächerkombination keine Fremdsprache haben, muss Sie das nicht davon abhalten, ab und zu einmal eine englische oder auch, je nach Thema, französische Quelle im Geschichtsunterricht einzusetzen. Für die Schüler ist es hilfreich, wenn sie ihre Sprachkenntnisse am praktischen Beispiel nutzen können; sie freuen sich, wenn sie auch mal die Experten sind und vielleicht mehr wissen als ihr Lehrer. Davon ganz abgesehen sind Quellen im Original nicht durch eine Übersetzung verfremdet und weisen manchmal weitere Bedeutungsnuancen auf, die in der deutschen Übersetzung gar nicht zum Vorschein kommen. Hier bietet sich auch ein Vergleich der beiden Sprachversionen an. Falls Sie sich zunächst nicht an eine ganze Textquelle herantrauen, fangen Sie doch erst einmal mit der Bildunterschrift einer Karikatur an:

© akg-images

Die hier gezeigte bekannte Karikatur der britischen Zeitschrift *Punch* von 1890 hat im Deutschen die Bildunterschrift „Der Lotse geht von Bord". Ganz anders gestaltet sich schon auf den ersten Blick das englische Original: „Dropping the pilot".

Wikipedia mal anders einsetzen 40

Die meisten Lernenden haben ein recht unbedarftes Verhältnis zur Online-Enzyklopädie Wikipedia. Wer kennt das nicht: Fehlt eine Information, ist Wikipedia der erste Referenzpunkt, der mittels Handy „befragt" wird, und zwar meist ohne die dort gewonnenen Hinweise zu hinterfragen, geschweige denn mithilfe einer weiteren Informationsquelle zu prüfen. Nicht wenige Referatshandouts entstehen zudem per *copy and paste* von der entsprechenden Wikipedia-Seite. Nichtsdestotrotz bietet die Online-Enzyklopädie als Informationsquelle durchaus auch Vorteile. Wie also dieses Medium so nutzen, dass die Lernenden produktiv und kritisch damit umgehen?

Den kritischen Umgang schulen

Eine Möglichkeit kann es sein, am Ende einer Reihe einen bereits bestehenden Wikipedia-Artikel zum aktuellen Unterrichtsthema auf der Basis des Erlernten zu prüfen und zu überarbeiten. Dazu teilen Sie die Schüler in Gruppen auf, die sich jeweils mit einem Aspekt beschäftigen. Das Ergebnis kann nach erfolgter Anmeldung online gestellt werden und muss sich dann selbst einer Prüfung durch das Editionsteam der Seite stellen. Auf diesem Weg erlangen die Schüler Einblick in den Entstehungsprozess eines solchen Artikels und wälzen quasi nebenbei das Erlernte auf produktive Art und Weise um. Dieses Vorgehen bietet außerdem eine wunderbar lebensnahe Anwendungsmöglichkeit für die in Tipp 43 vorgestellte Anbahnung wissenschaftlichen Arbeitens.

› Tipp 43

41 Narrativen vergleichen

Ein Schulbuchvergleich kann völlig zu Recht als schwierige Kür im Oberstufenunterricht Geschichte gelten, denn es ist gar nicht so leicht, die zwischen den Zeilen verborgene Narrative aufzudecken. Sie merken an dieser Stelle schon, dass es hier nicht darum gehen soll, die Vor- und Nachteile von Schulbüchern unterschiedlicher Verlage gemeinsam mit den Schülern zu prüfen. Vielmehr soll sich der Kurs in der hohen Kunst der De- bzw. Rekonstruktion üben, also im Aufdecken und Bewusstmachen der zugrunde liegenden Narrative oder gar Ideologie.

Eine kritische Haltung zu Schulbuchtexten entwickeln

Wie so oft klingt das komplizierter als es im Unterrichtsalltag dann eigentlich ist. Allerdings braucht es dazu ein bisschen Vorbereitung, denn vergleichbare Schulbuchtexte müssen erst einmal gefunden werden. Besonders spannend ist der Vergleich des eigenen Schulbuchs mit einem Schulbuch aus der DDR oder auch einem Buch aus den Dreißiger- oder Vierzigerjahren. Wichtig ist dabei, dass aus beiden Büchern jeweils ein Auszug gewählt wird, der sich auf dasselbe historische Phänomen bezieht. Noch reizvoller, aber auch ungleich schwieriger wird es, wenn die Texte zunächst „nackt", also ohne Quellenangaben, ausgegeben werden. Der Kurs muss dann zunächst anhand von Schlüsselwörtern oder typischen Phrasen der entsprechenden Zeit herausfinden, woher die Texte stammen. Wenn die Schüler erkennen, dass jeder Verfassertext – bewusst oder unbewusst – das Produkt einer bestimmten Ideologie ist, haben sie schon einen großen Schritt auf dem Weg hin zum mündigen Bürger getan. Auf diese Weise sensibilisiert, werden sie Verfassertexte nicht mehr als reine und neutrale Informationsquellen betrachten, die sie auswendig lernen, ohne sie auch nur im Geringsten zu hinterfragen (Tipp 40, 42).

› Tipp 40, 42

Gleich mal ausprobieren

Wie bereits erwähnt, müssen vergleichbare Texte erst einmal besorgt werden. Eine Aufgabe, wie sie oben beschrieben wird, ist leider in keinem mir bekannten Schulbuch enthalten. Bringen Sie Ihre Jäger-und-Sammler-Qualitäten ins Spiel! Nutzen Sie jede Gelegenheit, auf Flohmärkten und in Antiquariaten nach entsprechenden Texten zu stöbern. Früher oder später werden Sie sicher einen „Schatz" entdecken. Es lohnt sich – und kann nebenbei großen Spaß machen (Tipp 24)!

› Tipp 24

42 Eine Dokumentation analysieren

Viele Schüler sehen sich am heimischen Bildschirm die eine oder andere TV-Dokumentation zu einem historischen Thema an. Meistens geschieht das in einer unkritischen und unreflektierten Konsumhaltung, denn „es ist ja eine Dokumentation". Das dort Gesehene wird dann für neutrale und verlässliche Information gehalten, die nicht weiter hinterfragt wird. Neutralität ist aber eine Kategorie, die für TV-Dokumentationen ebenso wenig taugt wie für jede andere

› Tipp 41

Form der Narrative (Tipp 41), egal, in welchem Medium sie daherkommt. Umso wichtiger erscheint es, filmische Dokumentationen im Unterricht zu nutzen, um diese in ihrer Grundaussage und Machart zu hinterfragen und die Lernenden genau darin zu schulen.

Medienkompetenz aktiv schulen

Bei geübten Schülern fallen schon ohne Nachfrage Bemerkungen zur begleitenden Musik, die den Zuschauer mehr oder weniger subtil manipuliert, etwa durch den Einsatz von martialisch anmutenden Schlagzeugrhythmen oder klagend klingenden Geigenstimmen. Lenken Sie die Aufmerksamkeit der Schüler auch auf die verwendete Schnitttechnik, die beispielsweise Zeitzeugenaussagen durch Verkürzung und Gegenüberstellung für eine bestimmte Narrative benutzt und manchmal gar damit verfälscht. Ähnliches gilt für die Kameraeinstellung, die den Blick des Zuschauers etwa unerträglich lang auf weinende Zeitzeugen hält.

Gleich mal ausprobieren

Zur genauen Analyse von Dokumentationen kann als Klassikerbeispiel mit hoher Medienpräsenz eine der Dokumentationen, die unter der Leitung von Guido Knopp entstanden sind, dienen. Diese eignen sich sehr gut zur Analyse und Dekonstruktion der Narrative.

Fachwissenschaftliches Arbeiten anbahnen

43

› Tipp 3

Ab Klasse 9, spätestens aber am Übergang zur gymnasialen Oberstufe in Klasse 10, steht eine stärker an der Fachwissenschaft Geschichte orientierte Arbeitsweise auf dem Programm. Je nach Schulform kann das als Projekt oder zum „Reinschnuppern" geschehen (Tipp 3), am Gymnasium wird es schrittweise zur alltäglichen Vorgehensweise.

Kontroversität

Ein wesentlicher Aspekt, den es in diesem Zusammenhang den Schülern näherzubringen gilt, wird unter dem Stichwort Kontroversität zusammengefasst. Mit Kontroversität ist gemeint, dass historische Ereignisse in der Rückschau unterschiedlich bewertet werden. Die wesentliche Erkenntnis für die Schüler besteht darin, dass nicht alle Fragen an die Geschichte eindeutig zu beantworten sind, sondern dass vielmehr im Laufe der Zeit und je nach Standpunkt des Betrachters völlig unterschiedliche Bewertungen derselben Sachlage erfolgen.

Diese Erkenntnis können Sie damit herbeiführen, dass Sie den Schülern mindestens zwei, gerne auch mehr Analysen unterschiedlicher Historiker zu einer fachwissenschaftlichen Fragestellung vorlegen. Ein Klassiker ist hierbei die Frage, wer für den Ausbruch des Ersten Weltkriegs verantwortlich war. Im Prinzip bietet sich aber jede kontrovers diskutierte Frage zur Geschichte an.

Die Fragestellung im Sinne von „Wer hat recht?" kann mithilfe zweier prägnanter Zitate bereits am Anfang der Reihe aufgeworfen und am Ende, wenn die Schüler sich eine eigene Meinung gebildet haben, wieder aufgegriffen werden. Dabei ist es hilfreich, die Historikertexte gruppenweise untersuchen zu lassen. Die Schüler sollen dann auf Basis der während der Reihe erarbeiteten Aspekte die Argumente des Autors mit eigenen Argumenten unterfüttern oder widerlegen. Schließlich wird im Plenum oder in gemischten Kleingruppen eine Diskussion geführt.

Besonders interessant wird es, wenn Sie Historiker aus verschiedenen Ländern und Stellungnahmen aus völlig unterschiedlichen Zeiten wählen; auf diese Weise bringen Sie den Schülern die jeweilige Standortgebundenheit der Autoren näher, also deren Befangenheit innerhalb ihrer Sozialisation, ihres kulturellen und politischen Hintergrunds und der zeitlichen Umstände.

Standortgebundenheit

Gleich mal ausprobieren

Als Clou und je nach technischer Ausstattung der Schule können Sie auch eine Skype-Diskussion (Tipp 66) mit einem der beteiligten Historiker organisieren, sodass die Klasse Gelegenheit hat, ihre eigenen Fragen und Meinungen zum gewählten Sachthema mit einem weiteren Experten zu diskutieren.

› Tipp 66

Ein Jugendbuch lesen

44

Sollten Sie im Zweitfach Deutsch unterrichten, können Sie diesen Tipp direkt überspringen, da Sie vermutlich ohnehin bereits erfahren im Einsatz von Jugendbüchern im Geschichtsunterricht sind. Allen anderen sei diese Möglichkeit für den Unterricht in der Sekundarstufe I wärmstens ans Historikerherz gelegt. Gerade in den Anfangsklassen Geschichte, wenn die Lernenden generell noch großes Interesse an Geschichten haben (Tipp 29), kann sich der Einsatz eines Jugendromans sehr lohnen – was natürlich nicht bedeuten soll, dass dies für die höheren Klassen nicht mehr gilt. Ein Jugendroman mit historischem Hintergrund kann als Grundlage und roter Faden für eine gesamte Reihe dienen und bringt ein hohes Maß an Motivation ins Klassenzimmer. Sollten Sie unsicher sein, welches Buch sich für Ihre Lerngruppe eignet, statten Sie doch Ihrer örtlichen Bücherei einen Besuch ab und lassen Sie sich dort fachkundig beraten. Bibliothekare machen dies auch im Hinblick auf eine mögliche spätere „Kundenbindung" in der Regel sehr gerne. In vielen Bibliotheken wird sogar eine Bücherbox zum angegebenen Thema bereitgestellt.

› Tipp 29

Bücherbox aus der Bibliothek

Möglicherweise können Sie die Unterrichtsreihe zu einem Jugendroman auch im Team mit dem Deutschkollegen gestalten. Für das Fach Geschichte stellt ein Jugendbuch quasi den Bühnenhintergrund, in den die Schüler eintauchen können. Grundsätzlich muss sich die Erzählung, so gut sie auch recherchiert sein mag, die Überprüfung durch Quellen und andere Materialien gefallen lassen, damit die Schüler den Unterschied zwischen Narrative und Quellenlage bzw. Fiktion und historischer Situation klar im Blick behalten.

Abgleich mit historischen Quellen

„Oskar und das Geheimnis der verschwundenen Kinder" von Claudia Frieser[2] ist ein Beispiel für einen Jugendroman, der sich sehr gut dazu eignet, die Lebenswelten der unterschiedlichen Bevölkerungsgruppen im Mittelalter zu beleuchten.

2 Frieser, Claudia (2007): Oskar und das Geheimnis der verschwundenen Kinder. München.

Das Buch kann über einen längeren Zeitraum als häuslicher Leseauftrag am Stück aufgegeben werden, um dann, nach einem Wirkungsgespräch und einer Problematisierung (hier etwa: „Unterschiedliche Lebenswelten im Mittelalter – strikt getrennt?“) durch die Reihe zu führen.

Gleich mal ausprobieren

Falls Sie ein Jugendbuch eines deutschsprachigen, zeitgenössischen Autors behandelt haben, können Sie die Reihe mit einer schönen Aktion abschließen: Ermutigen Sie die Lernenden, auf der Basis der behandelten Quellen eine Rezension des Buches zu schreiben und diese mit der Bitte um eine kurze Rückmeldung an den Autor zu schicken. Diese direkte Kommunikation werden die Schüler (und vielleicht auch der Autor) als sehr motivierend empfinden.

Achtung!

Für eine solche Reihe sollten Sie von vornherein verstärkt auf vorbereitende (Lese-)Hausaufgaben setzen, um wertvolle Unterrichtszeit zu sparen. Am besten stellen Sie schon vor Beginn der Reihe einen möglichst genauen Plan auf, der die jeweilige Hausaufgabe mit berücksichtigt.

Ein Geschichtsquiz erstellen lassen

45

Am Ende einer Reihe stellt sich oft die Frage, ob und wie das Gelernte mit den Schülern wiederholt werden soll. Angesichts der bedauerlichen Tatsache, dass Geschichtsstunden in der Stundentafel nicht gerade üppig gesät sind, ist dies eine wichtige Entscheidung, gerade auch im Hinblick auf die Frage, wie viel Zeit dafür veranschlagt wird. Besonders in der Sekundarstufe I kann ein von den Schülern selbst gestaltetes Quiz hier gute Dienste leisten: Als Hausaufgabe soll dazu jeder Schüler nach dem Muster der Sendung „Wer wird Millionär?“ eine Quizfragenkarte mit vier möglichen Antworten entwerfen, von denen bekanntlich nur eine zutreffend ist.

Lernspaß

Die Schüler haben erfahrungsgemäß großen Spaß damit und setzen sich dabei ganz nebenbei noch einmal gründlich mit den Inhalten der Unterrichtsreihe auseinander. Außerdem sparen Sie wertvolle Zeit, da Sie die Wiederholung weitgehend aus dem Unterricht „auslagern".

Die Quizfragen können Sie dann zum Abschluss der Reihe oder in der letzten Stunde vor einer Überprüfung mit den Schülern durchspielen. Sammeln Sie dazu alle Quizfragen ein und teilen Sie die Gruppe in zwei Teams auf, die gegeneinander antreten. Entscheiden Sie, ob Sie selbst der Moderator sein wollen oder ob Sie diese Rolle an einen Schüler abgeben möchten. Bevor die Befragung der Kandidaten losgeht, müssen die Fragen so gemischt werden, dass die Schüler nicht ihre eigenen Fragen beantworten müssen.

Noch spannender ist es, dieselbe Aktion mit dem Kollegen einer Parallelklasse, die gerade dasselbe Thema behandelt hat, zu starten und die Fragen/Antworten auszutauschen.

Um die Ecke gedacht

Von Verlagen werden bereits jede Menge fertige Lernspiele und auch Quizaufgaben zu vielen historischen Themen und Epochen angeboten. Der Lerneffekt ist jedoch deutlich größer, wenn das Quiz selbst erstellt wurde und sich die Lernenden gerade auch zu den falschen Antworten Gedanken gemacht haben. Schließlich sollen sie so überzeugend klingen, dass sie für richtig gehalten werden können!

Filmausschnitte gezielt einsetzen

46

(Spiel-)Filme bieten so viele gewinnbringende Möglichkeiten für den Geschichtsunterricht, dass es den Rahmen dieses Bandes sprengen würde, sie alle aufzuzeigen. Hier soll deshalb lediglich anhand eines konkreten Beispiels eine Möglichkeit vorgestellt werden, wie mit ausgewählten Filmsequenzen gearbeitet werden kann. Auch wenn Filmszenen prinzipiell an allen Stellen des Geschichtsunterrichts zum

Einsatz kommen können, ist das nachfolgend beschriebene Vorgehen besonders für Einstieg und Problematisierung geeignet, also zum kritisch hinterfragenden Zugriff auf einen historischen Sachverhalt.

Filmausschnitte zur Problematiserung

Der Film, um den es hier gehen soll, passt zum Thema „Römer und ‚Barbaren' – Freunde oder Feinde?", in Lehrplänen gerne unter dem Stichwort „Leben in der römischen Provinz" geführt. Gemeint ist eine Szene aus dem britischen Film „Das Leben des Brian" von 1979, in der die „Volksfront von Judäa" sich mit den Worten „*Was* haben die Römer je für uns getan?" über die römischen Besatzer empört. Allerdings fallen bei allem Ärger einigen der Untergrundkämpfer viele positive Dinge ein, die die Römer in ihrer Provinz eingeführt haben, sodass sich ein äußerst ambivalentes Bild der römischen Besatzung ergibt.

Um die Ecke gedacht

Der eine oder andere Leser wird an dieser Stelle bereits ein leises Lächeln im Mundwinkel haben, da diese Szene, mittlerweile zum Klassiker mutiert, in vielerlei Versionen kursiert, etwa in der Variante „*Was* hat die EU jemals für uns getan?" ...

Zurück zu unserem Einstieg: Nach einmaligem Abspielen der circa siebenminütigen Szene wird die Lerngruppe nach ihrem ersten Eindruck befragt. Sehr schnell werden die Schüler auf die positiven Aspekte ebenso wie den unterschwelligen Ärger, der gegen die Römer als Feinde über die ganze Szene hinweg mitschwingt, zu sprechen kommen. Mit dem Hinweis, dass es sich hier um eine komödiantische Lesart einer historischen Zeit handelt, in der die Römer in der Tat Völker unterwarfen und fremde Gebiete zu Provinzen machten, können Fragen aufgeworfen werden: Inwiefern hatten tatsächlich positive Veränderungen für die unterworfenen Völker durch die Römer stattgefunden? Inwiefern sahen diese dennoch die Besatzer als Feinde? Gab es Kollaboration? Wie veränderte sich die Situation über die Jahrzehnte hinweg? – Schon sind Sie mit Ihren Schülern mitten

Ein organischer Übergang zur Erarbeitung

Tipp 7 in der Erarbeitung (Tipp 7) und können passende Quellen und Materialien zur Klärung dieser Fragestellung ausgeben.

Einen Spielfilm ansehen

47

Spielfilme, die ein historisches Ereignis, eine historische Persönlichkeit oder gleich eine ganze Epoche zum Thema haben, können wunderbar als Grundlage für eine Unterrichtsreihe dienen. Zu Anfang der Reihe sollte erst einmal der Filmgenuss stehen, und zwar so weit als möglich am Stück. In der Folgestunde steht ein Wirkungsgespräch an, das visuelle Impulse ebenso wie die Filmmusik mit einbezieht. Gemeinsam mit der Klasse bzw. dem Kurs können Sie nun entscheiden, wie weiterhin vorgegangen werden soll. Hier bieten sich viele Möglichkeiten an, Medienkompetenz mit einem historischen Thema zu verknüpfen. Eine Gegenüberstellung von Quellen, Historikerurteilen, Darstellungstexten unterschiedlicher Quellen und der filmischen Umsetzung sowie deren Analyse lohnt sich eigentlich immer.

Filmgenuss

Filmanalyse

Eine auf einen historischen Spielfilm aufbauende Unterrichtsreihe kann auch als Projekt gestaltet werden, bei dem die Schüler entscheiden, welche im Film angesprochenen Aspekte in Kleingruppen näher betrachtet werden. Ihre Aufgabe als Lehrer ist es dabei, den Bezug zum Lehrplan im Auge zu behalten und Ihre Schüler beim Auffinden geeigneter Quellen und Materialien zu unterstützen. Auch bei der Analyse der Materialien brauchen die einzelnen Gruppen gegebenenfalls Ihre Hilfe. Einige Gruppen können sich mit der filmischen Umsetzung des Themas im Film befassen. Dabei wird den Schülern schnell klar, dass sich Filme einer eigenen Sprache bedienen. Analysieren Sie diese gemeinsam.

Achtung!

Vergessen Sie nicht, die Altersfreigabe des Films zu beachten!

48

Diese Methode eignet sich vor allem als Teil eines Projektes, am besten im dritten oder vierten Lernjahr Geschichte. Geben Sie Ihrer Klasse einen Pool an Quellen und Materialien an die Hand, vielleicht eine von der örtlichen Bücherei bereitgestellte Lesekiste (Tipp 44) und Internetzugang. Sodann wird ein übergeordnetes Thema durch die Schüler von unterschiedlichen Blickwinkeln aus beleuchtet, indem jede Gruppe einen selbst gewählten Einzelaspekt untersucht. Die so gewonnenen Erkenntnisse setzen die Schüler schließlich in einer Fotosequenz um. Dazu komponieren sie in ihrer Gruppe eine Skizze, die sie dann mit oder ohne Requisiten nachstellen und fotografieren.

› Tipp 44

Beispiel: Zum übergeordneten Thema „Napoleon und die Deutschen – Fluch oder Segen?“ könnte ein Teilaspekt der *Code Civil* sein. In diesem Fall kann etwa eine Szene zur Auswirkung des *Code Civil* auf eine Einzelperson herausgearbeitet werden. Die Sequenz dokumentiert dann wie ein Ausschnitt aus einem Fotoroman die Fazitthese der Gruppe zu ihrem Thema und kann abschließend von der ganzen Klasse diskutiert werden. Ein solches Lernprodukt eignet sich auch wunderbar für eine Reflexion und Darstellung im Rahmen eines Portfolios (Tipp 37).

› Tipp 37

Achtung!

Hier ein Wort der Warnung: Tatsächlich wurden in Gruppenräumen von Gedenkstätten früherer Konzentrationslager schon Fotoromane gesehen, die heutige Schüler mit SS-Armbinden und Hakenkreuzansteckern am Hemd als KZ-Aufseher zeigen. Diese Fotoromane stammten von Klassen, die im Rahmen ihres Besuchs der Gedenkstätte Rollenspiele durchgeführt hatten, bei denen Schüler als KZ-Insassen bzw. Aufseher agierten. Die Fotos hatten sie dann mit entsprechenden Sprechblasen versehen. Es versteht sich, dass Rollenspiele und Dokumentationen dieser Art zu vermeiden ist.

49 Einen Galeriegang machen

Am Ende einer arbeitsteiligen Erarbeitungsphase innerhalb einer Reihe gilt es, die Ergebnisse zusammenzuführen. Alle Lernenden innerhalb der Klasse bzw. des Kurses werden auf denselben Wissensstand gebracht, um dann gemeinsam die Fragestellung zu diskutieren. Dies können Sie erreichen, indem Sie alle Gruppen bitten, ein Endprodukt ihrer Themenfacette zu erstellen. Das kann ein Poster sein, ein Merkblatt, ein Bild oder auch eine kleine Performance jeglicher Art (Tipp 34). Am Ende der Erarbeitung können alle zunächst wie in einer Bildergalerie umherwandern und die Arbeitsmaterialien und Ergebnisse der jeweils anderen Gruppen begutachten. Sodann kann jede Gruppe an ihrem Tisch im Klassenzimmer oder in der Aula ihr Produkt bzw. Ergebnis vorstellen, während der jeweilige Rest der gesamten Lerngruppe zuhört und Fragen stellt. Diese Methode bietet als *added value* hohe Schüleraktivität und eine gewisse Eigenverantwortung der Lernenden für das Lernprodukt der eigenen Gruppe. Ihre Rolle als Lehrer ist dabei die eines Moderators und Koordinators, der den Schülern bei der Umsetzung im Notfall unter die Arme greift.

› Tipp 34

Schüler aktivieren

50 Eine Ausstellung präsentieren

Alle Jahre wieder steht der Tag der offenen Tür an, und die ganze Schulgemeinschaft überlegt, wie sie sich und die Schule am besten präsentieren kann. Sie können sich mit Ihrer Klasse oder Ihrem Kurs daran beteiligen, indem Sie die letzte Unterrichtsreihe im Vorfeld als Projekt gestalten, an dessen Ende eine Ausstellung als Produkt stehen soll. Lassen Sie die Schüler selbst entscheiden, ob dies klassisch über Poster an Stellwänden oder kreativer mit kleinen Vorträgen, Einspielungen, vielleicht auch Musik aus der betrachteten Zeit erfolgen soll. In der Ausstellung werden die der Reihe zugrunde liegende Fragestellung und die These, die die Lerngruppe dazu entwickelt hat, für den Betrachter klar ersichtlich herausgestellt.

SOS-Tipp

Sollte es das erste Mal sein, dass Ihre Schüler eine solche Präsentation durchführen, planen Sie etwa eine Unterrichtsstunde im Vorfeld für die gemeinsame Organisation und Aufgabenverteilung ein.

Eine Podiumsdiskussion durchführen

51

Gerade in der Oberstufe bietet es sich im Zuge des wissenschaftspropädeutischen Arbeitens (Tipp 43) an, das Führen einer konstruktiven Diskussion unter Verwendung fachlich sauberer Argumentation zu üben. Warum nicht mal eine Diskussion auf einem fiktiven Historikerkongress nachstellen? Diese Methode kann am Ende einer Themenreihe eingesetzt werden, d. h. zu einem Zeitpunkt, an dem die Lernenden eine breite Kenntnisbasis erworben haben. Recherchieren Sie bereits vor Beginn der Reihe, ob es in der Fachwissenschaft aktuelle Beiträge zu Ihrem Thema gibt, und halten Sie diese bis zur Podiumsdiskussion zurück.

› Tipp 43

SOS-Tipp

Hilfreich ist hierfür die Übersicht in der viermal jährlich erscheinenden Zeitschrift des Deutschen Geschichtslehrerverbandes „geschichte für heute". In dieser Zeitschrift werden kontroverse Debatten aufgegriffen sowie entsprechende Literaturhinweise nebst aktueller Buchrezensionen genannt.[3]

Am besten planen Sie für die Diskussion eine Doppelstunde ein. In der ersten Stunde rufen Sie dem Kurs mithilfe Ihres des Unterrichtsmaterials, das Sie für den Einstieg in die

3 Updates finden Sie online unter www.hsozkult.de

Reihe verwendet haben, die Fragestellung in Erinnerung. Sodann geben Sie mit dem Hinweis, dass sich auch professionelle Historiker mit Ihrer aktuellen Thematik beschäftigen, die Textauszüge aus den einschlägigen Aufsätzen der jeweiligen Historiker für eine arbeitsteilige Gruppenbearbeitung an den Kurs aus. Zudem erhält jede Gruppe Karteikarten, um die wesentlichen Begründungen für die These des jeweiligen Autors zu notieren.
Während der Bearbeitung können Sie das Podium vorbereiten. Stellen Sie dazu einen Stuhlhalbkreis auf; Sie brauchen jeweils einen Stuhl pro betrachteten Historiker (nicht mehr als vier, sonst wird es unübersichtlich) und Namensschilder mit den Historikernamen. Hinter jedem Stuhl wird ein weiterer platziert.
In der zweiten Stunde findet die eigentliche Diskussion statt. Die Gruppen dürfen selbst wählen, welches Gruppenmitglied „ihren" Historiker repräsentieren soll. Außerdem bestimmen sie einen Helfer, der hinter dem Historiker sitzt und dessen Platz einnehmen kann, sollten diesem die Argumente ausgehen. Aus dem Kreis des gesamten Kurses werden zusätzlich ein Moderator sowie ein Protokollant ernannt. Letzterer hat die Aufgabe, die wichtigsten Thesen und Argumente auf einem vorstrukturierten Protokollbogen mitzuschreiben, damit diese gesichert und für alle kopiert werden können. Nun steht der angeregten Fazitdiskussion nichts mehr im Wege. Brechen Sie spätestens 15 Minuten vor Ende der Stunde die Diskussion ab. Alle Beteiligten sollten die Möglichkeit bekommen, aus ihren Rollen herauszuschlüpfen, ihre eigene Ansicht zur Frage zu diskutieren und zu entscheiden, welchem Historiker sie Recht geben. Vielleicht kommen sie auch zu dem Schluss, dass sie alle Thesen verwerfen und durch eine eigene ersetzen würden.

In die Rolle der Historiker schlüpfen

Eine Dokumentation drehen

52

Holen Sie Ihre Schüler doch einmal aus ihrer Konsumhaltung heraus und aktivieren Sie deren kreative Seite: Drehen Sie am Ende einer Unterrichtsreihe mit ihnen eine eigene Dokumentation. Das ist gar nicht so schwer und muss auch nicht besonders aufwendig sein. Viele Schulen verfügen über eine oder mehrere Kameras, die nach vorheriger Buchung im Unterricht genutzt werden können. Zur Not geht es aber auch mit der Filmfunktion des Handys.

Der zeitliche Rahmen umfasst etwa vier Unterrichtsstunden plus Hausaufgaben. In der ersten Stunde wird gemeinsam überlegt, welche die entscheidenden Aspekte waren, die zur Beantwortung der Reihenfrage beigetragen haben. Die Schüler notieren sich diese auf Karteikarten und wählen dann die aus ihrer Sicht wichtigsten Facetten begründet aus. In der zweiten und dritten Stunde feilen sie an den Formulierungen und recherchieren gegebenenfalls noch genauer nach, damit die in den Fokus genommene Entwicklung einem nicht mit der Sache vertrauten Publikum nähergebracht werden kann. Gemeinsam wird entschieden, ob die Stimme während der Dokumentation aus dem Off kommen soll und nur Materialien wie Bilder oder Karten zu sehen sein sollen oder ob ein Schülerteam gefilmt werden soll. Auch die Materialauswahl will im Team bedacht und begründet werden.

Schließlich wird in der vierten Stunde gefilmt. Digitale Schneideprogramme lassen sich problemlos online herunterladen, falls die Schule keinen technischen Assistenten haben sollte. Das Ergebnis können Sie – wenn Sie sich eine Einverständniserklärung der Schüler und Eltern eingeholt haben – ins Intranet der Schule stellen (falls ein solches vorhanden ist) und damit als Lehrfilm auch für andere Klassen bzw. Kurse verwertbar machen. Vielleicht möchten Sie den Film aber auch lediglich für den internen Gebrauch an Ihre Schüler rundschicken, damit diese ihn für eine Prüfungsvorbereitung nutzen können.

Um die Ecke gedacht

Tipp 41

Abgesehen vom technischen Aspekt sollten Sie gemeinsam überlegen, dass Sie ja nun selbst eine Narrative produzieren, die eine klare Aussage im Hinblick auf Ihre eigene Interpretation der Fakten beinhaltet (Tipp 41). Eine spannende Möglichkeit, dies den Schülern klar zu machen!

Eine Methode diskutieren

53

Mitwirkung der Schüler an der Unterrichtsgestaltung

Wann immer Ihnen Zeit dafür bleibt, sollten Sie die Gelegenheit nutzen, mit Ihrer Klasse bzw. mit Ihrem Kurs neu eingeführte Unterrichtsmethoden zu diskutieren. Am besten tun Sie das am Ende der Stunde, in der die jeweilige Methode angewendet wurde, damit der Eindruck noch „frisch" ist. Durch das stetige Hinterfragen der gewählten Methoden werden diese nicht einfach so als gegeben hingenommen. Vielmehr sensibilisieren Sie die Schüler für die Art und Weise, in der der Unterricht gestaltet wird, und geben ihnen die Möglichkeit, durch ihr Votum an der Unterrichtsgestaltung mitzuwirken. Setzen Sie dafür etwa die letzten zehn Minuten der Stunde an und teilen Sie diese in fünf Minuten für ein Stimmungsbild und fünf Minuten für die eigentliche Diskussion auf. Das Stimmungsbild können Sie auf unterschiedliche Weise ermitteln. Ein sehr schnelles, dafür aber oberflächliches Ergebnis erhalten Sie per roten, gelben und grünen Karten, dic als Votum hochgehalten werden. Etwas differenzierter wird es mit einer auf Papier aufgemalten und an die Tafel geklebten Zielscheibe, auf die die Schüler Klebepunkte je nach Bewertung (im Zentrum: super Methode, ganz am Rand: hat mir nicht gefallen) aufbringen können.
Sodann können die Qualität der Methode, mögliche Verbesserungen und die Frage, ob diese an anderer Stelle nochmals zum Einsatz kommen sollte, mit der Lerngruppe diskutiert werden. Falls nicht genügend Zeit bleibt, können Sie nach

der Zielscheibenabfrage auch eine schriftliche Bewertung als Hausaufgabe stellen.

Das Fach Geschichte setzt sich zum Ziel, mündige und infolgedessen kritische Bürger heranzubilden. Vor diesem Hintergrund ist es gerade in diesem Fach besonders wichtig, Methoden gemeinsam mit den Schülern auf die Sinnhaftigkeit ihrer Verwendung hin abzuklopfen und zu hinterfragen, wenn man sie zum ersten Mal eingesetzt hat.

Eine kritische Herangehensweise schulen

Achtung!

Vermutlich werden sich die Schüler in Bezug auf das kritische Hinterfragen von Unterrichtsmethoden nicht auf Ihre Stunden beschränken, sondern auch in den anderen Fächern konstruktive Kritik üben wollen. Es kann daher auf der diplomatischen Ebene nicht schaden, die Kollegen, die Ihre Schüler in anderen Fächern unterrichten, „vorzuwarnen", dass Sie Metadiskussionen zu neuen Methoden eingeführt haben.

54 Schüler als Lehrer einsetzen

Es bildet eine schöne und lehrreiche Variante im Unterrichtsalltag, wenn Sie ab und zu die Durchführung einer Geschichtsstunde in die Hände eines Schülerteams legen. Die im Folgenden beschriebene Vorgehensweise ist ab dem zweiten Lernjahr der Oberstufe geeignet.

Zwei Schüler übernehmen den Einstieg, zwei die Erarbeitung und zwei die Sicherung sowie die Fazitdiskussion. Dazu bedarf es allerdings vorab einer intensiven Betreuung durch Sie als erfahrene Lehrkraft. Geben Sie den Lernenden zunächst die vom Lehrplan vorgegebene Facette des übergeordneten Themas innerhalb der Reihenfrage vor. Erteilen Sie ihnen dann einen Rechercheauftrag, der allgemeine Informationen und, je nach Team, zwei mögliche Einstiegsmaterialien, Materialien für die Erarbeitung sowie eventuell eine Karikatur oder ein Zitat für die Schlussphase beinhaltet. Eine

Woche vor der Stunde besprechen Sie mit den Schülern, wo diese den Schwerpunkt der Stunde setzen möchten und inwiefern das Team das Erarbeitungsmaterial noch weiter bearbeiten muss. Am Tag vor der geplanten Stunde gehen Sie gemeinsam die Stunde noch einmal durch.
Zugegebenermaßen stellt dies eine besonders anspruchsvolle Aufgabe dar, die auch für Sie im Vorfeld arbeitsintensiver ist als die normale Unterrichtsvorbereitung. Sie bietet den Schülern jedoch eine wertvolle Erfahrung und zudem die Möglichkeit, über den Verlauf des Unterrichts mitzubestimmen.

55 EPA-III-Aufgaben üben

Die letzte Aufgabe einer Kursarbeit ist in den meisten Fällen eine Aufgabe, die dem Anforderungsbereich III zugeordnet werden kann[4], die also die Diskussion einer (neuen) Problemstellung und die Entwicklung begründeter Hypothesen erfordert.
Auch wenn diese Art der Aufgabe letzten Endes nichts anderes beinhaltet, als das, was Sie mit Ihrem Kurs am Ende der Stunde oder zumindest am Ende jeder Reihe in Form der Abschlussdiskussion tun: Den Schülern fällt es erfahrungsgemäß doch deutlich schwerer, ihre Gedanken in schriftlicher Form zu strukturieren. Daher hilft es ihnen, wenn sie das von Anfang an üben.
Erteilen Sie dazu von Zeit zu Zeit als längerfristige Hausaufgabe eine schriftliche Ausarbeitung zu einer Fragestellung innerhalb des gerade behandelten Themengebiets. Achten Sie bei der Formulierung der Aufgabe auf die Verwendung der EPA-II-Operatoren, also etwa „beurteile", „nimm Stellung zu" oder „entwickle eine begründete These zu" (Tipp 21).

› Tipp 21

4 https://www.kmk.org/fileadmin/Dateien/veroeffentlichungen_beschluesse/1989/1989_12_01-EPA-Geschichte.pdf (letzter Zugriff 27.10.2016)

Hierbei lohnt sich eine Kooperation mit einem Deutschkollegen, denn in der im Fach Deutsch eingeübten Form der Erörterung finden sich viele Parameter dieses Aufgabentyps wieder. Auch können dann möglicherweise vorhandene sprachliche der orthografische Defizite der Lernenden benannt und behoben oder zumindest verbessert werden.
Wenn Sie diese Art der Hausaufgabe mehrmals im Schuljahr geben, hat das neben dem Übungseffekt für die Schüler den Vorteil, dass Sie nicht auf einen Schlag 30 Korrekturen korrigieren müssen. Sammeln Sie jedesmal die Ausarbeitungen nur einiger Schüler ein und achten Sie darauf, dass jeder „mal drankommt". Notieren Sie Randbemerkungen im Hinblick auf die Strukturierung des Textes in Einleitung, Argumentation und Fazit ebenso wie zur Rechtschreibung, Zeichensetzung und hinsichtlich der mehr oder weniger überzeugenden Argumentation.

Um die Ecke gedacht

Zu Beginn der Oberstufe können Sie Ihrer Lerngruppe zunächst ein vorstrukturiertes Arbeitsblatt mit den hier dargestellten oder ähnlichen Stichworten an die Hand geben. Die Struktur wird für die einzelnen Lernenden dann klarer und schleift sich besser ein.

Meine These:

____

Einleitender Satz dazu:

____

Argumente und Beispiele, die meine These stützen:

____

Zusammenfassung:

____

Mein Fazit:

____

Das „Thema der Woche" einführen

56

Gegenwartsbezüge herstellen

„Geschichte hat doch nichts mit uns zu tun – die sind ja alle schon längst gestorben!" Nutzen Sie jede sich bietende Gelegenheit, um dieses Missverständis aufzuklären. Schon ab Klasse 7 können Sie Ihre Geschichtsschüler für die Gegenwart von Geschichte in ihrem Umfeld und ihrem Alltag sensibilisieren. Erteilen Sie dazu die Dauerhausaufgabe, in der Tageszeitung und den TV-Nachrichten nach Berichten Ausschau zu halten, die sich auf Geschichte beziehen. Ein Bezug zum momentanen Unterricht muss dabei nicht unbedingt bestehen. Hier gilt es vielmehr, Interesse zu wecken und ein Bewusstsein dafür zu schaffen, dass Geschichte eben nicht irgendwann fertig und vorbei ist, sondern immer wieder und in vielen Bereichen unseres Lebens heute eine Rolle spielt.

Gleich mal ausprobieren

Legen Sie einen festen Zeitrahmen von circa zehn Minuten in einer Ihrer Geschichtsstunden fest, die aktuellen und geschichtsrelevanten Ereignissen aus der Tagespresse gewidmet sind. Das können Nachrichten über Knochenfunde aus der Frühgeschichte, Gedenkjahre zu historischen Ereignissen oder auch Diskussionen zum Denkmalschutz historischer Gebäude sein. Jede Woche ist ein anderer Schüler mit dem Nachrichtendienst beauftragt. Sie werden sehen, die Sache entwickelt sich zum Selbstläufer. Es entstehen die lebhaftesten Diskussionen über die Rolle, die genau dieser historische Bezug in der Gegenwart spielt, darüber, ob der Verweis eines Politikers auf ein historisches Ereignis gerechtfertigt ist, und über vieles mehr. Sie können eine große Kopie der Meldung im Klassenzimmer aufhängen, damit das jeweilige Thema die gesamte Woche über im Bewusstsein der Lernenden bleibt.

Bei alldem wird ganz nebenbei und quasi auf organische Weise das Phänomen der Geschichtskultur beleuchtet, das für gewöhnlich als abstrakter Begriff erst in der Oberstufe auftaucht. Damit ist im Prinzip die Klärung der Frage gemeint, wie eine Gesellschaft mit ihrer Geschichte umgeht.

Unter diese Fragestellung passt – neben Filmen oder Fernsehserien mit historischen Bezügen, der Vermittlung von Geschichte in Museen, dem Anbringen von Gedenkplaketten und Ähnlichem (Tipp 85), Gedenktagen und politischen Reden – eben auch die Darstellung von Geschichte in den Nachrichten.

› Tipp 85

Eine jüngere Klasse coachen

57

Peer Learning

Das Coachen einer jüngeren durch eine ältere Klasse innerhalb der Sekundarstufe I ist eine Methode, die beiden beteiligten Klassen nicht nur großen Spaß macht, sondern auch über die Schiene des *Peer Learning* einen echten Mehrwert bringt. Schon ab dem zweiten Lernjahr Geschichte können Sie die Schüler als Coaches einsetzen. Die Jüngeren lernen bei dieser Methode in einer entspannten Lernumgebung von anderen Schülern aus ihrem weiteren sozialen Umfeld, also in diesem Fall dem Umfeld der eigenen Schule. Zudem kommen sie in den Genuss einer eins zu eins Betreuungssituation.

Alles, was Sie brauchen, ist ein netter Kollege, der eine Geschichtsklasse im Jahr unter Ihrer eigenen Klasse betreut. Sprechen Sie sich im Hinblick auf die Einführung einer Methode ab, die Sie selbst mit Ihrer Klasse im vergangenen Jahr behandelt haben. Sie können diese dann kurz erneut ansprechen und gemeinsam mit den Schülern überlegen, wie sie das den „Kleinen" erklären können. Vielleicht wird Ihre Lerngruppe Lernposter mit den jüngeren Mitschülern entwickeln, vielleicht ein Arbeitsblatt für sie konzipieren. Denkbar wären auch Online-Aufgaben, die im Intranet der Schule im Geschichtsbereich für die zu coachende Klasse hinterlegt und im Unterricht im Computerraum bearbeitet werden. Ihr Job liegt bei dieser Methode in der Beratung Ihrer Klasse dahingehend, wie der Unterrichtsgegenstand aufbereitet und vermittelt werden kann.

Am besten funktioniert das Coaching in Tandems, bei ungeraden Schülerzahlen eignen sich aber auch Dreiergruppen. Auf diese Weise hat Ihre eigene Klasse eine wichtige Methode und einen ganzen Themenbereich im Sinne eines Spiralcurriculums intensiv wiederholt.

Spiralcurriculum

Achtung!

Da in einer Coaching-Stunde ja doppelt so viele Schüler zugange sind, empfiehlt es sich, vorab einen größeren Raum zu buchen. Auch ist es natürlich etwas entspannter, wenn Sie für die Aktion eine Doppelstunde wählen. Sollten beide Klassen laut Stundenplan nicht zeitgleich Geschichtsunterricht haben, muss eine Stunde getauscht werden. Dies ist in der Sekundarstufe I selten ein Problem. Wenn Sie und Ihr Kollege für jeweils Ihre Schüler mit selbstklebendem Kreppband Namensschilder anfertigen, klappt die Kommunikation zwischen den beiden Klassen leichter.

Geschichte in den Nachrichten nutzen

58

Es wäre doch schade, all die Hinweise auf historische Sachverhalte und Ereignisse, die tagtäglich in den Nachrichten gemeldet werden, ungenutzt verpuffen zu lassen! Gerade in der Oberstufe sollten Sie diese stattdessen immer mal wieder aufgreifen und auch Ihre Schüler ermuntern, das gerne zu tun – selbst wenn der Bezug nicht zu Ihrem momentan behandelten Thema passt. Der hier beschriebene Ansatz bildet eine weniger ritualisierte Variante des für die Sekundarstufe I vorgestellten „Themas der Woche" (Tipp 56).

› Tipp 56

Einige Minuten Zeit für einen aktuellen Querverweis gibt es immer. Vielleicht möchten Sie einen passenden Aufhänger aus den aktuellen Nachrichten für ein offenes und angeregtes Unterrichtsgespräch abseits des Geschichtsbuchs nutzen und bei der Gelegenheit aktuelle Gegenwartsbezüge aufzeigen, die die Verknüpfung zwischen vergangenen Ereignissen und der momentanen Situation besonders verdeutlichen.

Für kritische Amateurhistoriker können Sie auch die Frage aufwerfen, inwiefern etwa von Politikern gern angestellte Vergleiche zwischen historischen Ereignissen und aktuellen Geschehnissen überhaupt passend und angebracht sind.

Achtung!

Bei aller berechtigter Kritik an politischen Entwicklungen sollte das Einhalten des Beutelsbacher Konsens[5], der zwar ursprünglich für die politische Bildung formuliert wurde, aber selbstverständlich auch für das Fach Geschichte eine wichtige Leitlinie bildet, nicht aus den Augen verloren werden. Schüler sollten demzufolge unter keinen Umständen durch die persönliche politische Einstellung des Lehrers beeinflusst oder gar davon überwältigt werden.

59 Aktuelle Kinofilme einbeziehen

› Tipp 47

Neben Spielfilmen mit historischem Bezug, die Sie sich im Rahmen einer thematisch passenden Reihe mit den Schülern im Unterricht ansehen (Tipp 47), können Sie auch, wenn sich die Gelegenheit bietet, einen aktuellen Kinofilm in eine Unterrichtsreihe einbinden. Meistens haben die Schüler über Werbung und soziale Medien ohnehin schon eine Weile vor dem eigentlichen Filmstart von dem Film gehört; dann können Sie vor dem gemeinsamen Kinobesuch im Unterrichtsgespräch Erwartungen formulieren. Auch kann das Kinoplakat in Form einer Bildanalyse untersucht und auf seine Hauptaussage zum Film hin abgeklopft werden.
In der Stunde nach dem Kinobesuch bietet es sich zunächst an, ein Wirkungsgespräch zu führen. Gegebenenfalls können Sie an dieser Stelle Auszüge aus unterschiedlichen Filmkritiken als Trigger für eine Diskussion auf Folie bereithalten. Versuchen Sie im weiteren Verlauf Ihrer Reihe, immer wieder

5 Nachzulesen bei der Bundeszentrale für politische Bildung: http://www.bpb.de/die-bpb/51310/beutelsbacher-konsens

Bezug auf passende Sequenzen des Films zu nehmen und im Vergleich mit den im Unterricht verwendeten Quellen dessen Glaubhaftigkeit prüfen zu lassen. Auch die im Film transportierte Narrative ist ein wichtiger Aspekt, den es zu thematisieren und zu diskutieren gilt. Als Abschluss der Reihe kann der Film als Teil der Geschichtskultur unserer Gesellschaft eingeordnet und bewertet werden.

Narrative thematisieren

Gleich mal ausprobieren

Stellen Sie den Schülern die Hausaufgabe, eine Filmkritik aus „Historikersicht" zu verfassen. Die Schüler können dann gemeinsam einen der so entstandenen Texte auswählen und als Leserbrief an die lokale Zeitung schicken oder als Blog ins Netz stellen.

60 An Geschichtswettbewerben teilnehmen

› Tipp 30

Geschichtswettbewerbe können als Teil der Binnendifferenzierung (Tipp 30) gelten und bieten eine wahre Spielwiese für motivierte und/oder besonders begabte Schüler. Es bedarf einiger Ausdauer und kostet viel außerunterrichtliche Zeit, einen preiswürdigen Beitrag zu erstellen. Damit die Arbeit nicht in Frust ausartet, sind Sie als Betreuer und fachlicher Berater für Ihre Schüler gefordert. Und obwohl auch Ihr Arbeitsaufwand nicht unterschätzt werden sollte: Sie werden sehen, dass die Vorbereitung des Wettbewerbs gleichzeitig außerordentlich spannend und bereichernd für Sie sein kann.

Frust vermeiden

Um die Ecke gedacht

Bezogen auf den Lernzuwachs ist es nicht in erster Linie entscheidend, ob man einen Preis gewinnt, denn die Teilnahme und die Arbeit am Projekt bietet so viele Erfahrungen, dass sie schon an sich ein Erlebnis darstellen. Das mag für manchen besonders ambitionierten Schüler, der keinen Preis gewonnen hat, nur ein schwacher Trost sein. Sorgen Sie möglichst dafür, dass die am Wettbewerb teilnehmenden Schüler zumindest innerhalb der Schule für ihre Arbeit eine angemessene Anerkennung bekommen. Gelingt es allerdings tatsächlich, einen Preis zu gewinnen, erfahren die Schüler eine besonders große Wertschätzung ihrer Arbeit, was sich natürlich motivierend für ihr weiteres Engagement auswirkt.

An Wettbewerben können einzelne Lernende ebenso wie Kleingruppen oder auch ganze Klassen bzw. Kurse teilnehmen. Der größte Wettbewerb dieser Art ist der von der Körber-Stiftung gesponserte Geschichtswettbewerb des Bundespräsidenten[6], der alle zwei Jahre durchgeführt wird. Die Bekanntgabe der neuen Themen findet stets Anfang September statt.

Achtung!

Eine Teilnahme sollte von langer Hand geplant und generalstabsmäßig mit genauem Zeitplan strukturiert werden, damit keiner der Beteiligten unterwegs „verloren geht". Manche Schulen richten eigens für die Teilnahme an diesem oder auch an anderen Wettbewerben eine Arbeitsgemeinschaft ein. Vielleicht könnte das auch eine Möglichkeit für Ihre Schule sein!

61 Jahrestage nutzen

Im Verlauf des Jahres bietet sich eine Bandbreite von Jahres- und Gedenktagen an, Gegenstand Ihres Geschichtsunterrichts zu werden. Als Facette, wie unsere Gesellschaft mit ihrer Geschichte umgeht, sind auch sie Teil der Geschichts-

6 http://www.koerber-stiftung.de/bildung/geschichtswettbewerb.html

kultur unseres Landes. Zur Auseinandersetzung damit stehen Ihnen mehrere Möglichkeiten offen:

Kritisch sein

› Tipp 58

- Sie können mit Ihren Schülern hinterfragen, inwiefern Kommentare in der örtlichen Tageszeitung (Tipp 58) oder in Nachrichtensendungen am Gedenktag dem historischen Ereignis überhaupt gerecht werden.
- Lassen Sie die Schüler ausgewählte Texte zum jeweiligen Gedenktag aus dem Zeitungsarchiv untersuchen. Hierbei offenbart sich manchmal, dass der eine oder andere Politiker die Rede des vergangenen Jahres in Teilen recycelt hat. Das kann wiederum einiges über den Stellenwert aussagen, der dem historischen Ereignis, dessen gedacht wird, beigemessen wird.
- Lohnenswert ist auch der Blick über die Grenze mit der Frage, wie unsere Nachbarländer dem historischen Ereignis gedenken. Ein Vergleich kann in eine spannende Diskussion münden.

Fokus auf die Rezeptionsgeschichte

Ein insbesondere für die Oberstufe interessanter Ansatz ist der Fokus auf die Rezeptionsgeschichte des jeweiligen Jahrestages, also die Frage, wie des historischen Ereignisses in unterschiedlichen Epochen gedacht wurde und inwieweit das Ereignis einen Niederschlag in Briefmarken, Gedenkmünzen, Liedern oder Ähnlichem gefunden hat. Online oder auch im Archiv finden sich mit Sicherheit etwa einschlägige Reden von Politikern oder auch Zeugnisse der Rezeption, die, in ihrem jeweiligen historischen Kontext betrachtet, ein Schlaglicht auf ihre Zeit werfen.

62 Familiengeschichten einbeziehen

Für die jüngere Geschichte, etwa ab dem Kalten Krieg, gibt es oft im familiären Hintergrund der Schüler Bezüge, die sich für Ihre Geschichtsstunden verwerten lassen. Manchmal hat man etwa Schüler in der Lerngruppe, deren Familie aus einem der ehemaligen Satellitenstaaten stammt. Eine solide

Vertrauensbasis vorausgesetzt, könnten diese Familiengeschichten als Einblick in den Alltag dieser Zeit und dieses Landes im Unterricht aufgegriffen werden. Augenzeugenberichte zum Schulalltag oder zu Feierlichkeiten an nationalen Feiertagen, die meist eine Mischung aus privatem Familienfest und offiziell erwarteten Ritualen darstellten, sind für die Schüler überaus spannend und erkenntnisreich – gerade im Hinblick auf zugrunde liegende Ideologien. Auch Berichte zu Migrationsmotiven und einer Beschreibung der auf der Reise und bei der Ankunft gesammelten Eindrücke können in ihren Kontext eingeordnet werden. Auf diese Weise kommen erfahrungsgemäß interessante Perspektivwechsel (Ost-West) und unerwartete Einsichten zustande.

Vertrauensbasis als Voraussetzung

Achtung!

Es versteht sich, dass zunächst das (ehrliche) Einverständnis des betreffenden Schülers eingeholt werden muss und der Einsatz im Unterricht mit größtmöglichem Fingerspitzengefühl vonstatten geht.
Allen Schülern sollte zudem klar sein, dass es sich bei jedem Augenzeugenbericht um eine subjektive Schilderung handelt. Für den Fall, dass ein Familienmitglied eines Ihrer Schüler sich die Zeit nimmt und in den Geschichtsunterricht kommt, sollte diesem Besuch zudem unbedingt ein Vieraugengespräch mit Ihnen vorausgehen. Manchmal steht so viel Schmerz hinter einer Familiengeschichte, dass diese nicht in den Klassenraum gehört. Aber auch offensichtlich uneinsichtige Nutznießer eines untergegangenen Regimes sollten durch ihren Besuch dem verwandten Schüler nicht den Rest der Schulzeit schwermachen.

Den Namensgeber der Schule diskutieren

63

Viele Schulen wurden schon vor längerer Zeit nach einer Persönlichkeit aus Politik, Kultur oder Wissenschaft benannt. Der Schulname ist mittlerweile so sehr Teil des Alltags geworden, dass er nicht mehr bedacht, geschweige denn hinterfragt wird. Das muss auch grundsätzlich kein Problem sein; höchstwahrscheinlich hat die Person, nach der Ihre Schule benannt wurde, große Verdienste errungen und besitzt nach wie vor Vorbildfunktion. Schon allein diese Erkenntnis ist nach erfolgter Recherche wertvoll und durch die Beschäftigung der Schüler damit für diese neu und aktuell.

Eine kritische Haltung heranbilden

Um den kritischen Geist der Lernenden herauszufordern und auszubilden, ist es dennoch hilfreich, den Namenspatron der Schule genauer in den Blick zu nehmen und dessen Geschichte mit all ihren Facetten zu beleuchten. Dies lässt sich auf unterschiedlichen Wegen angehen: Sie können entweder geeignete Materialien bereitstellen oder die Sache als Projekt aufziehen und die Recherche in die Hand der Schüler geben; in diesem Fall fungieren Sie eher als Betreuer. Auch das örtliche Archiv kann mit einbezogen werden. In jedem Fall findet eine Abschlussrunde statt, in der die Schüler ihre gewonnenen Erkenntnisse nutzen, um den Namenspatron der Schule kritisch zu diskutieren. In extremen Fällen, in denen die unterrichtliche Recherche wenig vorbildliche Facetten des Namenspatrons der Schule ans Licht gebracht hat, hat es auch schon Umbenennungen einzelner Schulen gegeben, aber das ist ganz sicher nicht die Regel.

SOS-Tipp

Nicht immer handelt es sich bei den namensgebenden Persönlichkeiten um solche aus dem regionalen Umfeld der Schule, was bedeutet, dass unter Umständen ein Archiv in einiger Entfernung bemüht werden muss. Das wird aber im digitalen Zeitalter kein Hinderungsgrund mehr sein, denn viele Archivalien sind ohnehin bereits digitalisiert und können daher online eingesehen werden.

Nachnamen analysieren

64

Über die Nachnamen der Schüler in Ihrem Kurs können Sie einen motivierenden Einstieg in die Oberstufe finden. Lassen Sie die Schüler dazu beispielsweise im Rahmen eines zweiwöchigen Projekts über die Herkunft und Bedeutung ihrer Nachnamen recherchieren. Erstaunlich viele Schüler haben sich darüber noch nie wirklich Gedanken gemacht.
Ein persönlicher Bezug zur Geschichte ergibt sich über diesen Zugang ganz von selbst. Am besten werfen Sie bereits vor Beginn des Schuljahres einen Blick auf die Schülerliste Ihres zukünftigen Kurses, um sich einen Eindruck der Nachnamen Ihrer Lernenden zu verschaffen. Wegen der Entwicklung der deutschen Sprache, die für gewöhnlich nicht Teil des Geschichtsstudiums ist, sich aber im Wortstamm vieler Namen spiegelt, empfiehlt es sich, einen Ihrer Deutschkollegen mit ins Boot zu holen, um die Schüler bei ihrer Recherche im Team zu unterstützen. Ein gut aufgestellter und allgemeinnütziger Partner ist außerdem die der Universität Leipzig angegliederte Deutsche Gesellschaft für Namenforschung[7].

Einen Sütterlin-Workshop organisieren

65

› Tipp 80
› Tipp 60

Sie erwägen, mit Ihrem Oberstufenkurs Geschichte ein längeres Archivprojekt durchzuführen (Tipp 80) oder an einem Geschichtswettbewerb teilzunehmen (Tipp 60)? Dann wird dic Fähigkeit, die altdeutsche Schriftform Sütterlin zu lesen, für Ihre Schüler von großem Wert sein. Viele Archivalien, etwa Tagebucheinträge oder auch Feldpostkarten, sind in Sütterlin verfasst, sodass sich bei Unkenntnis dieser Schrift schnell Frust einstellt. Und daran sollte das mühevoll geplante Archivprojekt nun wirklich nicht scheitern! Eine aufbereitete Version derselben Quelle in moderner Schrift at-

7 http://www.gfn.name/kontakt/

met nicht mehr den Geist des in Händen gehaltenen Originals und könnte ebenso gut im Schulbuch abgedruckt sein.
Archivare haben Sütterlin meist im Zuge ihrer Ausbildung erlernt und bieten manchmal Workshops für Schüler und Studenten an. Fragen Sie einfach mal im örtlichen Archiv nach: Bestimmt kann ein solcher Workshop auch ausnahmsweise an Ihrer Schule durchgeführt werden. Dafür müssten Sie mindestens eine Doppelstunde mit Hausaufgabe oder zwei Doppelstunden veranschlagen.

Um die Ecke gedacht

Viele Schüler gehen höchst motiviert an das Erlernen der Sütterlinschrift heran und betrachten diese Fähigkeit zu Recht als besondere Kompetenz, die ihnen auch im Hinblick auf ein mögliches späteres Studienfach Geschichte exzellente Möglichkeiten eröffnet.

Eine Vorlesung per Skype verfolgen

66

Selbst wenn Sie an einer eher abseits gelegenen Schule unterrichten, bei der die Segnungen der Zivilisation ebenso weit entfernt sind wie das nächstgelegene Medienzentrum: Das heißt nicht, dass Sie Ihre Oberstufenschüler nicht in den Genuss einer Vorlesung zum gerade behandelten Themenkomplex bringen könnten. Viele Hochschuldozenten zeigen sich offen für Kontakte mit Schulen und sind durchaus experimentierfreudig, was neue technische Möglichkeiten betrifft – warum also nicht mal die Übertragung einer Vorlesung per Skype ausprobieren?
Die Vorlesungsverzeichnisse finden sich bekanntlich online ebenso problemlos wie die Kontaktdaten zu den jeweiligen historischen Seminaren der Universitäten. Am Unistandort genügen eine auf den Dozenten gerichtete Kamera und ein Mikrofon, die beide mit dem PC dort verbunden sind; in der Schule wird ein PC mit Beamer, Projektionsfläche und gesonderten Lautsprechern benötigt. Beide Seiten müssen per

Skypeschaltung verbunden werden, das heißt, der Kontakt muss im Vorfeld von beiden Seiten akzeptiert worden sein. Wenn der Dozent dann aus der Ferne die zugeschaltete Gastklasse begrüßt, ist ihm deren Aufmerksamkeit sicher – und Sie haben den Schülern nicht nur eine weitere Betrachtungsfacette zu Ihrem Thema geboten, sondern auch einen Einblick in den Universitätsalltag des Fachs.

SOS-Tipp

Falls noch kein Skypeaccount für Ihre Schule eingerichtet ist, versuchen Sie dies selbst zu tun: Die entsprechende Homepage „www.skype.com" ist selbsterklärend. Falls Sie dennoch Probleme haben, hilft Ihnen sicher ein versierter Kollege oder der technische Assistent der Schule weiter.

Ein nach Rücksprache mit dem Vortragenden vorstrukturiertes Notizblatt (etwa in Form einer Mindmap gestaltet) gibt den Schülern eine Hilfestellung für ihre eigenen Notizen während der für sie ungewohnten Art des Vortrags. Schließen Sie die Aktion mit einer rückblickenden Besprechung des Gehörten oder auch einer entsprechenden reflektierenden Hausaufgabe ab. Vielleicht können die Schüler auch per E-Mail Rückfragen an den Dozenten richten. Auf diese Weise haben Sie mit den Schülern quasi eine kleine Exkursion erlebt, aber null Fahrtkosten, und die Schulleitung freut sich, dass kein Unterricht ausgefallen ist …

Zeit und Geld sparen

Achtung!

Probieren Sie in jedem Fall vor dem großen Ereignis aus, ob die Verbindung steht und beide Seiten sich mit bzw. ohne Mikrofon gut verstehen können, damit es im Ernstfall keine Pannen gibt. Vergessen Sie außerdem nicht, Ihre Schulleitung im Vorfeld zu informieren. Vielleicht möchte diese den universitären Gesprächspartner zu Beginn der Aktion im Vorfeld im Namen der Schulgemeinschaft begrüßen.

Kontakte für gemeinsame Geschichtsprojekte suchen

67

Nun driftet Ihre Schule ja erfreulicherweise nicht einsam durch die Weiten des Weltraums, sondern erfreut sich der gemeinsamen Mission mit zahllosen anderen Schulen auf der ganzen Welt. Daraus ergeben sich unbegrenzte Möglichkeiten, Themen aus unterschiedlichen Perspektiven zu betrachten – etwa in Kooperation mit einer französischen Klasse die Kriegsschuldfrage zum Ersten Weltkrieg zu diskutieren. Allerdings gibt es einige Hürden zu überwinden, wenn man ein solches Partnerschaftsprojekt organisieren möchte: Zunächst einmal den Zeitaufwand, dann die nicht unerheblichen Kosten ebenso wie die Tatsache, dass eine Klassen- bzw. Kursfahrt nicht ohne Weiteres im Schulalltag unterzubringen ist usw. Eine schöne Möglichkeit, ein für die Schüler gewinnbringendes Projekt mit einer Partnergruppe in einem anderen Land zu organisieren, ohne notwendigerweise reisen zu müssen, bietet die e-twinning-Plattform[8]. Sie funktioniert, wenn man sich angemeldet hat, in etwa wie ein digitales Schwarzes Brett, an das jeder interessierte Kollege das Alter seiner Schüler, das Fach, das angepeilte Thema und die Zielsprache des Projekts eingeben kann. Gerade für bilinguale Lerngruppen bietet dieses System zahlreiche Möglichkeiten, aber auch rein deutschsprachige Lerngruppen kommen hier im Kontakt mit anderen Schülern, die Deutsch als Fremdsprache lernen, auf ihre Kosten. Sehr lohnenswert ist in diesem Zusammenhang zudem eine Kooperation mit Sprachkollegen der eigenen Schule, falls Sie selbst sich in der Fremdsprache nicht zu Hause fühlen sollten.

e-twinning

8 www.etwinning.de

68

Selbstbestimmtes Lernen

Wie lässt sich der ewige Trott von Einstieg, Quellenarbeit („Schlagt das Buch auf Seite x auf.") und Auswertung durchbrechen? Eine spannende und unkomplizierte Alternative, insbesondere für den Unterricht in der Sekundarstufe II, bieten hier digitale Lernplattformen im Netz. Diese erlauben es Ihnen, die Quellenarbeit in weitgehend selbstbestimmtes Lernen umzumünzen.
Nach dem gemeinsamen Einstieg in das übergeordnete Thema und einer Fragestellung, die quasi als Schirm über der gesamten Reihe steht, kann die mehrere Stunden andauernde Recherche und Erarbeitung beginnen. Hilfreich ist hier etwa die internationale Lehr- und Lernplattform des europäischen Geschichtslehrerverbands EUROCLIO[9]. Diese bietet eine Vielzahl visueller und schriftlicher Quellen aus den unterschiedlichsten Ländern in englischer Sprache. Die Quellen sind nach Themen geordnet, die einen eher transnationalen Zugang ermöglichen (beispielsweise *People on the move* zum Themenbereich Migration in all ihren freiwilligen und erzwungenen Facetten). Es gibt bereits Lernarrangements, die auf das Einbetten des Themas in den historischen und grenzüberschreitenden Kontext einerseits und möglichst autonomes Arbeiten der Lernenden andererseits ausgerichtet sind. Die Abschlussbesprechung und Fazitfindung kann in Form eines Rundgangs gestaltet werden, bei dem alle Beteiligten zunächst ihre Ergebnisse und ihr individuelles Fazit präsentieren, um dann in eine gemeinsame Diskussion überzugehen. Multiperspektivität ergibt sich so von selbst …

SOS-Tipp

Für Rückfragen und Anregungen der Lernenden untereinander ist es hilfreich, einen geschützten Kommunikationsraum über das Intranet der Schule zu schaffen. Die Plattform *moodle*[10] bietet hier gute Dienste.

9 http://historiana.eu
10 https://moodle.org

Aktuelle Bezüge herstellen

69

› Tipp 56, 58

Längsschnitt durch die Entwicklungsschichten

Die aktuelle politische Lage liefert praktisch jede Woche einen Anlass, sich mit den historischen Wurzeln eines binationalen Konflikts, einer diplomatischen Verwerfung oder auch mit einer wenig bedachten Äußerung des einen oder anderen Politikers auseinanderzusetzen (Tipp 56, 58). Für eher leistungsstarke Klassen bzw. in der Oberstufe bietet es sich an, einen solchen aktuellen Aufhänger für einen kurzen längsschnittartigen Exkurs zu nutzen. Dieser nimmt bei entsprechender Planung nicht mehr Zeit als eine Doppelstunde in Anspruch, bringt aber den Lernenden sehr anschaulich nahe, dass man politischen Konflikten eigentlich nie gerecht werden kann, ohne deren historische Hintergründe mit in Betracht zu ziehen. Diese in ihrem eigentlichen Kontext zu betrachten und der aktuellen Situation gegenüberzustellen ist ebenso fruchtbar wie die anschließende Diskussion mit der Lerngruppe zur eigenen Einschätzung der Lage vor deren historischem Hintergrund. Für einen solchen Längsschnitt, also quasi eine Art Bohrung durch die verschiedenen zeitlichen Schichten der Entwicklung eines Ortes, einer Gruppierung oder eines Phänomens, bietet es sich an, den Computerraum der Schule für eine Doppelstunde zu buchen. Zu Beginn können Sie Ihre Schüler auffordern, ihre Meinung zu dem infrage stehenden Konflikt knapp auf einen Zettel zu notieren und in eine Box zu legen. Danach sollten sie sich in Teams zusammenfinden, denen von Ihnen jeweils ein historischer Zeitraum zur Recherche zugeteilt wird, mit dem sie sich in der folgenden halben Stunde vertraut machen. Ihr Job ist es dabei, durch die Reihen zu gehen, Hilfestellung beim Auffinden geeigneter Seiten zu geben und eventuell bei unklaren Begriffen und Formulierungen weiterzuhelfen. Danach sollte ein Austausch in einer Plenumsphase erfolgen, in der das jeweilige Expertenwissen geteilt wird, sodass jeder auf demselben Stand ist. Abschließend greift sich jeder einen Zettel aus der Box und liest die darauf notierte Anfangsmeinung vor. Das gibt den Anlass für die abschließende Diskussion darüber, inwiefern die Recherche

Meinungen verändert hat und welche weiteren Nachforschungen nun für ein wirklich fundiertes Urteil noch notwendig wären. Fast immer kommen die Schüler selbst darauf, dass für eine einigermaßen ausgewogene Einschätzung mehrere Perspektiven gehört werden müssen. Sie erkennen auch, dass es mitunter stumme Gruppen gibt, die sich aus den unterschiedlichsten Gründen zwar nicht in schriftlichen Quellen geäußert haben, deren Perspektive man aber versuchen sollte einzuschätzen, bevor man ein Urteil fällen kann. Um den aktuellen Bezug wieder aufzugreifen, ist es ein schöner Abschluss, einen gemeinsamen Leserbrief der Lerngruppe als Reaktion auf die Berichterstattung einer regionalen oder auch überregionalen Zeitung zu verschicken, sowie eventuelle Reaktionen darauf gemeinsam auszuwerten und weiter zu diskutieren.

Urteilsbildung

Ein Einbeziehen der Berichterstattung aus der internationalen Presse weitet den Horizont der Klasse noch stärker und birgt eine weitere Facette der Diskussion zum Thema. Manchmal, und das sind dann die Highlights des Geschichtslehrerdaseins, stellen einige Schüler im Laufe einer solchen Aktion verwundert fest, dass Geschichte in der Tat etwas mit unserer heutigen Zeit zu tun hat.

Zeitzeugen befragen 70

Eine der größten Herausforderungen für Geschichtslehrende und ihre Lerngruppen ist es vermutlich, Zeitzeugen einer bestimmten Epoche zu befragen (Tipp 62). Menschen, die das NS-Regime überlebt haben und sogar bereit sind, mit deutschen Schülern darüber zu sprechen, sind aus naheliegenden Gründen immer seltener für eine Befragung zu gewinnen. Sehr aufschlussreich kann jedoch auch eine Zeitzeugenbefragung zur DDR-Geschichte oder zu anderen Aspekten des Kalten Krieges und seiner Nachwehen sein. Hierfür können Sie versuchen, passende Gesprächspartner (nötigenfalls per e-twinning, Tipp 67) für die Rolle verschie-

› Tipp 62

› Tipp 67

dener Staaten zum Ende des Kalten Krieges oder zum Alltagsleben unter einem sozialistischen Regime in den Unterricht zu holen.

Zeitzeugen als Quellen verstehen

Es ist eine wirklich hohe Kunst, die Schüler von ihrem festen Glauben abzubringen, dass Zeitzeugen uns sagen, „wie es wirklich gewesen ist". Es muss ihnen stattdessen klar werden, dass Zeitzeugen im Prinzip wie eine weitere Quellengattung zu analysieren, ihre Aussagen in den historischen Kontext einzubetten, mit anderen Quellen der Zeit abzugleichen und auch auf ihre Aussageabsicht hin zu untersuchen sind. Gleichzeitig müssen die Schüler wissen, dass der Umgang mit einem Zeitzeugen unter allen Umständen von Respekt geprägt zu sein hat und sie dessen Aussagen zunächst mit einer quasi professionell sachlich-neutralen Haltung entgegennehmen sollten, bevor sie sie nach dem eigentlichen Gespräch einordnen und hinterfragen.

All das sollte Sie aber nicht davon abhalten, diesen Zugang ab und zu in den Unterricht einzubinden.

Um die Ecke gedacht

Diesen Tipp in aller Ausführlichkeit darzulegen, würde den Rahmen dieses Buches sprengen. Daher soll hier der Verweis auf „Zeitzeugendatenbanken" und eine hilfreiche Literaturliste zum Thema auf dem Bildungsserver Rheinland-Pfalz[11] genügen.

Achtung!

› Tipp 62

Sowohl die in Tipp 62 angesprochene Variante des Einbeziehens von Zeitzeugen, die einen familiären Bezug zu einem Ihrer Schüler haben, als auch die Möglichkeit, ihnen zunächst völlig fremde Zeitzeugen, die möglicherweise über eine Agentur vermittelt wurden, einzuladen, haben ihre menschlich-diplomatischen Tücken und erfordern daher ein hohes Maß an Fingerspitzengefühl. Im Falle

11 http://zeitzeugen.bildung-rp.de/literatur-und-linktipps.html

der „fremden" Zeitzeugen gilt es, das häufig auftretende Ehrfurchtsgefühl der Schüler angesichts dieser fremden Person, die so vieles erlebt hat und mitten dabei gewesen ist, auf ein gesundes Maß zurückzufahren. Spannung und Respekt ja, Ehrfurcht aber nicht. Dem kann man etwas vorbeugen, indem man im Vorfeld den historischen Kontext möglichst genau mit der Klasse beleuchtet, um den Schülern eine Hintergrundfolie zu geben, gegen die sie den Bericht abgleichen können. Zudem sollten vorher gemeinsam Fragen formuliert werden, die jeweils einem Schülerteam zugeteilt werden und zu deren Kontext sich die Schüler als vorbereitende Hausaugabe selbst durch entsprechende Recherche schlau machen. Auch hier ist der Zweck, Aussagen möglichst schnell im Kopf und natürlich später im Abschlussgespräch einordnen zu können.

Experten gegen Rechts einladen

71

Spätestens beim Themenkomplex „NS-Geschichte", bzw. „Shoah" kommt bei den meisten Lerngruppen die Frage nach möglichen Umtrieben neonazistischer Gruppen in der heutigen Zeit auf; diese kann von der Lehrperson mangels genauer Kenntnisse meist nur eher unbefriedigend beantwortet werden. Viele Schüler haben schon von Aufmärschen und/oder Kundgebungen rechter Gruppen in ihrem Landkreis oder von Störaktionen dieser Gruppen bei Ausstellungen bzw. Gedenkveranstaltungen gehört. Manche Schüler sind sogar bereits bei mehr oder weniger subtilen Rekrutierungsversuchen, häufig in Verbindung mit ideologisierter Musik, in Kontakt mit solchen Gruppen gekommen. Umso wichtiger, dass sie im Geschichtsunterricht umfassend informiert werden. Hier bietet es sich an, Vertreter von Bürgerinitiativen, Nichtregierungsorganisationen oder auch kirchlichen Gruppen, die sich „gegen Rechts" engagieren, in die Schule einzuladen. Sie bieten ein professionelles und auf unterschiedliche Schülergruppen zugeschnittenes Programm von Vorträgen und Workshops, um die Schüler für die mittlerweile durchaus perfiden Taktiken der rechten Szene zu sensibilisieren. Nebenbei können diese Organisationen auch als Ansprechpartner dienen, falls Sie den Eindruck haben, dass einer Ihrer Schüler womöglich in Bezug auf rechtes Gedankengut gefährdet sein könnte (Tipp 23). Die Wahrung des Schutzes der Persönlichkeitsrechte eines solchen Schülers in einem Gespräch dieser Art versteht sich von selbst.

› Tipp 23

Gleich mal ausprobieren

Rechtsextreme Gruppen sind bedauerlicherweise kein singuläres Phänomen, das sich auf ein Land oder auch nur auf Europa beschränkt. Eine vergleichende Analyse zu einer entsprechenden Gruppierung in einem Nachbarland anzustellen, kann für Ihre Lerngruppe aufschlussreich sein. Auch ist vielleicht nicht allen Ihren Schülern klar, was genau an NS-Symbolik heute verboten ist, bzw. was Aussagen nun ganz genau zu „volksverhetzenden" Aussagen macht. Letzteres erscheint gerade in einer Zeit, in der nationalkonservative Kreise ihren Sprachgebrauch wieder deutlich um ideologische Phrasen aus dem nationalsozialistischen Topf anreichern, wichtig.

72 Einen Doktoranden einladen

Berührungspunkte zwischen Vertretern in „der Forschung" und dem Schulalltag gibt es leider nur sehr wenige – was eigentlich erstaunt, denn beide Seiten können voneinander lernen und profitieren. Falls sich Ihre Schule in der Nähe eines Universitätsstandortes befindet, fragen Sie am dortigen historischen Seminar doch einmal nach, zu welchen Themen aktuell promoviert wird. Vielleicht ist ein Thema dabei, das sich in einen Zusammenhang zum Unterricht einer Ihrer Geschichtsklassen (ab Klasse 9) oder einem Ihrer Kurse herstellen lässt. Möglicherweise gibt es sogar gerade ein konkretes geschichtsdidaktisches Thema. Wenn auch Dissertationsthemen für gewöhnlich sehr fokussiert sind, lassen sie sich dennoch in einen größeren historischen Kontext einordnen, der auch für Ihre Schüler relevant und interessant sein kann.

Warum also nicht mal einen Doktoranden in den Unterricht einladen? Da Doktoranden ihre Arbeiten ohnehin im Laufe ihrer Forschung mehrfach präsentieren müssen – sei es im Kolloquium, gegenüber einem Verlag oder potenziellen Geldgebern – kann der Vortrag vor einer Schülergruppe mit anschließender Diskussion für sie eine willkommene Gelegenheit zur Übung sein. Ihren Schülern eröffnet sich so ein realistischer Einblick in die Arbeit von Historikern und in den Forschungsalltag. Ganz nebenbei erfahren sie Spannendes zu einem Aspekt, den sie sonst im Geschichtsunterricht wohl nie behandelt hätten.

Einblick in die Arbeit von Historikern

Achtung!

Mit dem Schulalltag wenig vertraute Doktoranden brauchen ebenso wie Ihre Lerngruppe ein Vorgespräch, in dem beiderseitige Erwartungen formuliert und der anstehende Besuch durchdacht wird. Sollten Sie im persönlichen Gespräch den Eindruck haben, dass der gewählte Zugang eventuell zu stark verkopft und theorielastig ist, kann der geplante Besuch natürlich auch auf diplomatische Weise zu einem Schriftwechsel umgemünzt werden, um Frust auf beiden Seiten zu verhindern. In diesem Fall können Sie den Doktoranden bitten, seine Grundthesen auf ein DIN-A4-Blatt einzudampfen und mit Ihrer Schülergruppe einen Kommentar dazu verfassen. Auch in dieser Variante ergibt sich für alle Beteiligten ein Erkenntnisgewinn, aber der Zeitaufwand ist deutlich geringer.

73 Eine „Ausgrabung aus der Zukunft“ durchführen

Einstieg in das Fach Geschichte

Warum drehen Sie nicht einmal den Spieß um und simulieren eine archäologische Ausgrabung aus der Zukunft? Bei einer solchen Ausgrabung wird unsere Gegenwart anhand der dann möglicherweise entdeckten Fundstücke erforscht. Dieses Gedankenexperiment kann in einer Einstiegsklasse Geschichte durchgeführt werden und befördert Erkenntnisse zur Arbeitsweise von Archäologen und zum Aspekt des Fremdverstehens quasi mit vertauschten Rollen.

Sie können den Unterrichtsgang mit wenig Aufwand durchführen: Gehen Sie einfach mit Ihrer Lerngruppe auf den Pausenhof hinaus und überlegen Sie gemeinsam, wie es wäre, wenn ein Archäologenteam aus der Zukunft an diesem Ort eine Ausgrabung durchführen würde. Welche Fundstücke würden die Forscher möglicherweise finden? Was würden sie daraus über unser Alltagsleben ableiten? Welche Fragen könnten sie auf der Basis der Fundstücke an die Geschichte stellen? Wenn Sie die Auswahl der Fundstücke nicht dem Zufall überlassen wollen, platzieren Sie kurz vor dem Unterrichtsgang einige Fundstücke selbst, zum Beispiel etwas Kleingeld zur Analyse der aufgeprägten Symbole, Getränkedosen, einen alten Tischtennisschläger, ein „liegen gelassenes“ Geschichtsbuch und Ähnliches.

Achtung!

Beachten Sie beim strategischen Platzieren von „Fundstücken“ auf dem Schulgelände Störfaktoren, wie etwa eine darauffolgende große Pause, die die Wahrscheinlichkeit rapide ansteigen lässt, dass Ihre sorgsam ausgewählten Fundstücke nach der Pause nicht mehr auffindbar sind. Dahinter muss gar keine böse Absicht stecken; vielleicht wurden sie nur von einem umweltbewussten Schüler der Mülltrennung zugeführt. Dies lässt sich verhindern, wenn Sie einen netten Kollegen bitten, das Präparieren der „Fundstätte“ unmittelbar vor der Geschichtsstunde für Sie zu übernehmen.

Partnerstädte und ihre Geschichte nutzen

74

Dem Gedanken der Völkerverständigung folgend, haben die meisten Städte und Gemeinden einen Partner in einem anderen Land. Diese Partnerschaft bietet auch für den Geschichtsunterricht eine potenziell lohnende Plattform, da die (gemeinsame?) Geschichte der beiden Städte bzw. Gemeinden zum einen ein weites Feld für Nachforschungen in Projektform für Schülergruppen darstellt und zum anderen auf anschauliche Weise einen Bezug zur Gegenwart herstellen kann.
Bevor Sie ein solches Projekt starten, sollten Sie sich zunächst bei der Stadtverwaltung darüber informieren, wer als konkreter Ansprechpartner kontaktiert werden kann. Häufig haben sich zur Pflege dieser Partnerschaften Freundschaftsvereine gebildet, die für erste Informationen, mögliche Veröffentlichungen und aktuelle Entwicklungen bereitstehen. Mit den entsprechenden Kontaktdaten im Gepäck können Sie das Projekt dann gemeinsam mit Ihrer Lerngruppe planen. Zunächst lohnt sich ein Blick darauf, mit welchen Zielen die Städtepartnerschaft einst begründet wurde und welchen Stellenwert sie in der Realität ihrer jeweiligen Bewohner heute einnimmt. Nicht wenige Lernenden haben noch nie davon gehört, dass ihre Stadt überhaupt eine Partnerstadt hat, geschweige denn, welche das ist. Auch dies kann und sollte im Verlauf der Reihe diskutiert werden.

Das Konzept hinterfragen

Regionale Autoren kontaktieren

75

In jeder Gegend in Deutschland gibt es Romanautoren, deren Erzählungen in ihrer eigenen Heimatregion spielen. Eine große Portion Lokalkolorit geht hier meist einher mit einer klug komponierten Storyline. Sehr häufig gibt es dabei historische Bezüge, wenn es sich nicht ohnehin direkt um einen historischen Roman handelt. Damit lässt sich in vielen Fällen eine schöne Brücke zu Ihrem Geschichtsunterricht schla-

Lesung mit anschließender Diskussion

Quelleninformationen und Fiktion gegenüberstellen

gen. Viele dieser Autoren zeigen sich offen für eine Kooperation mit der Schule. Fragen Sie doch einmal nach, ob sich eine Lesung an Ihrer Schule organisieren ließe, bei der im Anschluss Gelegenheit zur Diskussion mit dem Autor besteht. Eine solche Veranstaltung stellt eine sehr motivierende Variante dar, etwa zu Beginn der Oberstufe über einen regionalgeschichtlichen Aspekt in das Fach einzusteigen.
Weisen Sie den Autor im Vorfeld schon darauf hin, dass es schwerpunktmäßig um die regionalhistorischen Aspekte des Buches gehen wird, damit auch er sich entsprechend vorbereiten kann. Im Anschluss oder bereits als Vorbereitung können Sie im örtlichen Archiv vorstellig werden und nachfragen, ob es eventuell Quellenmaterial zu den im Roman angesprochenen Aspekten gibt. Vielleicht liefert der Autor auch selbst Einblicke in die von ihm verwendeten Quellen. Diese können Sie mit Ihren Schülern kritisch analysieren und der Fiktion gegenüberstellen.
Meist handelt es sich um Themen aus den Bereichen Mittelalter, Frühe Neuzeit oder Industrialisierung. Die Romane enthalten Passagen, die das Alltagsleben der Zeit auf der Basis der Recherchen des Autors abbilden. Die Darstellungen aus dem Text können in der Gruppe als mehr oder weniger quellennah und realistisch diskutiert werden.

Achtung!

Bedenken Sie, dass Ihre Schulleitung gerne darüber informiert sein möchte, wenn ein externer Gast sich in der Schule aufhält. Vielleicht soll dieser auch von einem Vertreter der Schulleitung offiziell begrüßt werden. Auf der praktischen Seite hilft ein Button mit der Aufschrift „Besucher des Kurses/der Klasse xy“ demjenigen dabei, sich ohne häufige Nachfragen in der Schule bewegen zu können.

KOLLEGENFEEDBACK EINHOLEN

76

Kaum ist das Referendariat zu Ende, schließt sich für die meisten Lehrer die Tür des Klassenzimmers während des Unterrichts für den Rest ihrer beruflichen Tätigkeit an der Schule. Das ist allerdings schade, denn angesichts so vieler professioneller Pädagogen im Lehrerzimmer erscheint dies doch als wirklich vertane Gelegenheit für einen fruchtbaren Austausch. Das gilt gerade auch vor dem Hintergrund, dass an den Studienseminaren, an denen die Kollegen ausgebildet wurden, möglicherweise unterschiedliche Schwerpunkte gesetzt wurden, sodass gemeinsame Gespräche über Didaktik und Methodik im Geschichtsbereich äußerst hilfreich sein könnten.

Bitten Sie doch einmal einen Kollegen Ihres Vertrauens darum, sich in einer Ihrer Geschichtsstunden als stiller Beobachter hinten in das Klassenzimmer zu setzen. Nach der Stunde besprechen Sie die Stunde gemeinsam nach und Ihr Kollege kann Ihnen ein Feedback zu (oft unbewussten) Punkten Ihres Lehrerverhaltens geben, wie etwa Position im Raum, Körpersprache, Mimik, Gesprächsführung und vieles mehr. Speziell im Hinblick auf Fachmethoden, Möglichkeiten der Binnendifferenzierung (Tipp 30) oder auch zur Strukturierung der Sicherung ist ein Austausch oft äußerst wertvoll. Bei passender Gelegenheit können Sie und Ihr Kollege die Rollen tauschen. So erhalten Sie beide konstruktive Rückmeldungen durch einen Experten. Diese können sehr hilfreich sein, wenn man längere Zeit „im eigenen Saft gekocht hat".

› Tipp 30

Wertvoller Ausausch

Um die Ecke gedacht

Denken Sie daran, Ihre Schulleitung mit in die Planung einzubeziehen. Erklären Sie im Vorfeld genau, in welchen Bereichen Sie und Ihr Kollege sich gegenseitig coachen möchten. Schulleitungen unterstützen solche Aktionen in der Regel, wollen aber vorab darüber informiert werden.

Einen Schulrundgang machen

77

Regionale Geschichte nutzen

„Warum in die Ferne schweifen? Sieh, das Gute liegt so nah" – das gilt auch im Fach Geschichte! „Das Gute" sind in diesem Kontext Dinge, die sich für eine historische Spurensuche mit den Schülern eignen. Machen Sie doch einmal, zum Beispiel als Einstieg in die Reihe zum Ersten Weltkrieg, mit Ihrer Klasse einen Rundgang durch die Schule und suchen Sie nach Spuren, die der Krieg dort hinterlassen hat. Das kann eine Gedenktafel für gefallene Schüler sein, wie sich an fast jeder älteren Schule finden, vielleicht entdecken Sie auch auf dem Dachboden der Schule einige Dokumente aus der Zeit, die das örtliche Archiv noch nicht bekommen hat. Einen schülernäheren Einstieg in das Thema und die Frage, warum sich damals so viele junge Männer freiwillig gemeldet haben, kann man kaum finden. Vorsichtshalber sollten Sie diesen Rundgang zunächst ohne Klasse machen, um auf alle Eventualitäten vorbereitet zu sein.

SOS-Tipp

Überlegen Sie, ob es eventuell jemanden gibt, der sich in der Schule besonders gut auskennt, Sie bei dem Rundgang begleiten und Ihnen die Relikte zeigen könnte. Das kann der Hausmeister sein, vielleicht aber auch der jetzige oder ein ehemaliger Schulleiter.

› Tipp 80

In einem größeren Rahmen bietet sich auch die Zusammenarbeit mit dem örtlichen Archiv an (Tipp 80). Innerhalb einer Reihe zur Zeit des Nationalsozialismus können Sie mit Ihrer Klasse recherchieren, inwieweit jüdische Schüler und Lehrer bzw. solche anderer verfolgter Bevölkerungsgruppen in dieser Zeit gezwungen wurden, die Schule zu verlassen, und wie ihr weiteres Schicksal war. Auf diese Weise würdigen Sie die Opfer und stellen gleichzeitig über die eigene Schulgeschichte einen direkten Bezug zu Ihren Schülern her.

Passanten befragen

78

Schüler-
vorwissen
aktivieren

Eine Befragung von Passanten ist eine schöne Möglichkeit, in einen neuen Themenbereich einzusteigen und das Vorwissen der Lernenden zu aktivieren. Holen Sie sich je nach Alter der Schüler ggf. vorab per Elternbrief das Einverständnis ein, dass die Schüler sich in Kleingruppen ohne Betreuung beispielsweise in der Fußgängerzone bewegen dürfen. Lassen Sie die Schüler, bewaffnet mit Stiften und Notizblöcken, ausschwärmen, um zu hören, was Otto Durchschnittspassant so zu Ihrem anstehenden historischen Themenbereich zu sagen hat. Dafür brauchen Sie eine vorgeschaltete Einstiegsstunde, in der das Thema (zunächst aber ohne die Formulierung einer problematisierenden Fragestellung) eingeführt sowie der Unterrichtsgang angekündigt und vorbereitet wird. Erarbeiten Sie gemeinsam mit den Schülern einen kurzen Fragenkatalog von höchstens drei Fragen, die möglichst offen gehalten sein und auf gar keinen Fall den Eindruck erwecken sollten, der Befragte würde etwa im Sinne der „PISA-Polizei" auf Herz und Nieren geprüft. Spannende Momentaufnahmen zur Frage, welche Spuren der historische Sachgegenstand im heutigen Alltag hinterlassen hat, lassen sich gewinnen. Nach der Befragungsstunde werden die gesammelten Eindrücke besprochen, die Antworten abgeglichen und mit den Vorkenntnissen, die die Schüler selbst hatten, verglichen. Daraus ergibt sich gewöhnlich eine problematisierende Fragestellung für die folgende Beschäftigung mit dem Thema auf ganz natürlichem Weg.

Spannende
Momentaufnahmen

Um die Ecke gedacht

Doppelt interessant ist eine solche Aktion, wenn sie im Rahmen eines grenzüberschreitenden Projekts oder einer Schülerbegegnung in einem anderen Land zu einem Aspekt der gemeinsamen Geschichte durchgeführt wird. Hier ergibt sich eine ganz eigene Facette der Kontroversität (Tipp 43).

Tipp 43

SOS-Tipp

Im Umgang mit den Passanten hilft es Ihren Schülern außerdem, wenn sie Buttons mit dem Schullogo und ihrem Vornamen tragen. Das verleiht ihnen eine größere Glaubwürdigkeit. Bei jüngeren Schülern hilft außerdem eine Liste mit den Handynummern, sodass Sie jederzeit miteinander Kontakt aufnehmen können. Positionieren Sie sich als „Basislager" möglichst zentral an einem Ort in Sichtweite Ihrer Schüler.

79 Mit Archäologen kooperieren

Archäologische Museen bzw. Museumsabteilungen, aber auch die Landesarchäologen der Bundesländer zeigen sich in der Regel offen für einen Kontakt mit Schulen. Nutzen Sie die Möglichkeiten in Ihrer Region, um mit Ihren Schülern einen Besuch in einer archäologischen Werkstatt oder – als absolutes Highlight – in einer aktuell laufenden Ausgrabung, bei der die Lernenden oft sogar selbst Hand anlegen dürfen, zu vereinbaren. Handlungsorientierter könnte Ihr Unterricht kaum sein!

Achtung!

Der Besuch einer Ausgrabungsstätte ist eher etwas für die Oberstufe, da der Ort selbst ebenso wie die Funde äußerst sensibel gegenüber unsachgemäßem Verhalten sind. Siebtklässlern, die zu 30 eifrig das Gelände durchkämmen, könnte da noch das nötige Bewusstsein fehlen, was schlimmstenfalls verhehrende Folgen hätte. Viele Archäologen sind auch gerne bereit, in die Schule zu kommen, um einen Einblick in ihre Arbeit zu geben. Diese Vorgehensweise ist besonders geeignet als Projekt zu Beginn der Oberstufe, kann aber auch schon in der Sekundarstufe I durchgeführt werden.

Ein Archiv besuchen

80

Beim Stichwort „Archiv" denken nicht nur viele Schüler mit Grausen an Unmengen Staub, endlose Reihen von Papier und gähnende Langeweile. Aber weit gefehlt! Jedes Archiv hütet wahre Schätze – etwa eine mittelalterliche Urkunde mit anhängenden Siegeln oder eine spannende visuelle Quelle. Diese „Aura des Originals", wie sie ein befreundeter Archivar mal nannte, ist durch kein Foto in einem Buch zu toppen. Allein der Hinweis, welche Ereignisse das Objekt schon über- und erlebt hat, ist eine eigene Geschichte wert! Gerade größere Archive verfügen über eine archivpädagogische Kraft, die Sie bei der Planung eines Besuches tatkräftig unterstützt. So banal es klingen mag: Je genauer Sie im Vorfeld mit den Archivaren Ihr Thema und Ihre Fragestellung absprechen, desto interessanter und gewinnbringender wird der Besuch im Archiv für die Schüler. Viele von ihnen reagieren höchst erstaunt, wenn sie feststellen, dass das gerade im Unterricht behandelte Thema auch Auswirkungen auf ihre Heimatregion hatte. Quellen, in denen ihnen die genannten Orte und Straßennamen bekannt sind, betrachten sie mit deutlich größerem Interesse. Einige Archive verfügen auch über sogenannte Archivkoffer, die man entleihen kann, falls der Weg ins nächste Archiv zu aufwendig wird (Tipp 6). Bei großem Glück gibt es sogar eine Archivwerkstatt, in der die Schüler beim Restaurieren beschädigter Materialien zusehen dürfen.

„Aura des Originals"

Bezug zur Heimatregion

› Tipp 6

Achtung!

Klären Sie vorab, ob es Schüler mit Asthma in der Klasse gibt, um Schwierigkeiten im Magazin zu vermeiden. Auch erleichtern Aufkleber oder Buttons mit den Schülernamen das harmonische Miteinander während des Besuchs ungemein.

81 Ein Projekt zu einem Denkmal starten

Mit Sicherheit gibt es in der näheren Umgebung Ihrer Schule ein Denkmal, das die Schüler gefühlt schon tausendmal gesehen haben und deshalb gar nicht mehr als historische Stätte wahrnehmen. Hierhin können Sie ohne großen Aufwand einen Unterrichtsgang organisieren und mit dem Kurs oder der Klasse ein Projekt starten. Oft gibt es lokale Hobbyhistoriker oder Heimatvereine, die sich erstaunliches Detailwissen zur Entstehung und Geschichte des Denkmals angeeignet haben. Deren Aussagen mit Materialien aus der Zeit und dem Entstehungskontext bzw. der Rezeptionsgeschich-

› Tipp 61

te des Denkmals abzugleichen (Tipp 61), kann spannende Erkenntnisse zum Stichwort „De- und Rekonstruktion" von Geschichte für die Schüler bereithalten. Da die Schüler am Ende des Projekts ja als erstklassige Experten gelten können, lässt sich die Aufgabe einer Überarbeitung des bestehenden

› Tipp 40

Wikipedia-Artikels zum Denkmal anschließen (Tipp 40). Im Hinblick auf die Benotung der Schüler bietet dies im Übrigen eine interessante Alternative zum klassischen Test.

82 Eine Gedenkstätte besuchen

› Tipp 62, 70

Ebenso sensibel wie eine Zeitzeugenbefragung (Tipp 62, 70), aber deutlich einfacher zu organisieren ist der Besuch einer Gedenkstätte. Unabhängig davon, ob es sich um einen Ort handelt, an dem Opfern des Nationalsozialismus gedacht wird, ob es sich um ein früheres Kriegsgefangenenlager handelt, eine Gedenkstätte zu einer Schlacht eines Weltkrieges, ein Soldatenfriedhof oder ein Gefängnis eines früheren politischen Regimes – in jedem Fall ist es ein Erinnerungsort. Dieser Gedanke kann als roter Faden helfen, den Besuch für alle Beteiligten gewinnbringend zu gestalten. Jeder pädagogische Mitarbeiter einer Gedenkstätte kann ein Liedchen von an den unmöglichsten Orten Butterbrot essenden, unpassend gekleideten, laute Musik hörenden oder sich sonstwie daneben benehmenden Schülern singen. Spätestens beim Gedanken daran, dass sehr oft Angehörige von Opfern in derselben Gedenkstätte versuchen, still ihrer Lieben zu gedenken, wird klar, dass auch hier die gründliche Vorbereitung einer vorausschauenden Lehrkraft gefragt ist.

Beim angepeilten Besuch bewirkt weniger oft mehr: Statt einer stundenlangen Führung mit stets mahnend erhobenem Zeigefinger ist ein aktiver Workshop mit klar umrissener Fragestellung für die Schüler erfahrungsgemäß zielführender. Gedenkstättenpädagogen haben eigentlich immer gewinnbringende Vorschläge für die jeweils fokussierten Themenbereiche in petto. Man kann sich zum Beispiel auf Opfer im Alter der Schüler konzentrieren und ausgewählte Schicksale exemplarisch untersuchen. Dadurch gibt man den Verstorbenen ein Gesicht, holt sie aus der für die Schüler gefühlt anonymen Menge heraus und stellt somit einen stärkeren Einzelbezug her. Auch hat sich beispielsweise der kaum zu fassende Kontrast zwischen dem Leben, das Opfer vor ihrer Internierung geführt haben, und dem Leben in einem Lager oder Gefängnis als für die Schüler äußerst nachhaltig beeindruckend erwiesen.

Workshopangebote nutzen

Naheliegenderweise sind solche Zugänge bei aller Sachlichkeit emotional berührend für Ihre Lerngruppe. Auch dafür sollte bei einem Gedenkstättenbesuch Raum sein. Geben Sie den Schülern die Möglichkeit, in Einzelgesprächen darauf einzugehen. Jeder reagiert auf diese auch heute noch verstörenden Vorgänge anders. Die thematischen Möglichkeiten sind vielfältig und die pädagogischen Mitarbeiter helfen im Vorfeld gerne weiter. Gedenkstättenbesuche bieten sich für beide Sekundarstufen an, je nachdem, in welchem Lernjahr die einschlägigen Themen in Ihrem Bundesland im Lehrplan vorgesehen sind.

Raum für Emotionen geben

Achtung!

Besprechen Sie im Vorfeld mit Ihren Schülern Intention und Modalitäten des anstehenden Besuchs. Auch hier ist der Ertrag am höchsten, wenn die Gruppe in der Planung ein Mitspracherecht hat. Gerade bei diesem Themenbereich sollten Schüler mit entscheiden dürfen, welcher methodische Zugang gewählt wird. Machen Sie die Schüler außerdem darauf aufmerksam, dass möglicherweise trauernde Angehörige auf dem Gelände angetroffen werden können.

Im Radio aktiv gedenken

83

Radio hören ist, zumindest als eine Art häusliches Hintergrundrauschen, auch in Zeiten von i-tunes und MP3-Playern für die meisten Schüler noch eine vertraute Sache. Mal abgesehen von ihrem jeweiligen Musikangebot werden Radiosender durchaus noch als Verbreitungsinstanz von Nachrichten und sonstigen Informationen wahrgenommen, wenn auch mittlerweile eher mit einem mitleidigen, leicht nostalgischen Lächeln angesichts des eigenen Newsflash auf dem Handy. Ein anlässlich eines Gedenktages organisierter gemeinsamer Blick hinter die Kulissen, verbindet lebendiges Erinnern abseits des Geschichtsbuches mit dem Besuch eines positiv besetzten Ortes, an dem die wenigsten Schüler tatsächlich schon einmal waren. Die örtlichen Radiosender sind meistens froh und dankbar für jede Gelegenheit, sich nah an ihren Hörern präsentieren zu können.

› Tipp 61

Fragen Sie im Vorfeld eines Gedenktages (Tipp 61) einfach per E-Mail an, ob Sie mit Ihrer Lerngruppe zum Sender kommen dürfen, um über den Anlass des Gedenkens und die Bedeutung dieses Tages für die heutige junge Generation zu sprechen. Vielleicht können Sie mit den Verantwortlichen gemeinsam überlegen, ob die Schüler kleine Einspieler mit ihren Gedanken zum Thema vorbereiten sollen oder ob der Moderator eher Interviews führen möchte. In jedem Fall handelt es sich bei einer solchen Aktion um eine Win-Win-Situation. Der Sender kann etwas für sein jugendliches Image, gegebenenfalls auch für seinen öffentlich-rechtlichen Bildungsauftrag tun, Ihre Schüler erleben einen lebensnahen

Gegenwartsbezug des Themas und die Schule wird auf positive Weise in der Öffentlichkeit präsentiert.

Bezug zur Lebenswirklichkeit

An Gedenkveranstaltungen teilnehmen

84

In allen größeren Städten werden in offiziellem Rahmen im Gedenken an die Opfer historischer Ereignisse Gedenkveranstaltungen organisiert. Diese können Sie hervorragend als Brücke zwischen Ihren Lernenden und der Vergangenheit nutzen. Die Verantwortlichen zeigen sich in der Regel offen für Möglichkeiten, Schülergruppen in den Ablauf der Veranstaltung einzubinden. Hier kann Ihre Lerngruppe zusammen mit Ihnen, eventuell auch mit dem Kunst-, Musik- oder Politikkollegen, kreativ werden. Die Schüler können im Vorfeld im Archiv Einzelschicksale von Opfern aus der Region recherchieren und während der Veranstaltung so dem eher anonymen Opferbegriff ein Gesicht geben. Wenn Sie musikalische Schüler in der Lerngruppe haben, kann ein kleines Programm mit angemessener Musik erarbeitet werden. Vielleicht möchte auch jemand auf der Basis der Eindrücke zum historischen Geschehen ein Gedicht verfassen. Sie sehen: Möglichkeiten gibt es viele.

Stolpersteine zum Thema machen

85

Die Aktion „Stolpersteine" des Künstlers Gunter Demnig[12] hat mittlerweile europaweit breite Kreise gezogen. Demnig lässt selbst gefertigte Messingblöcke in der Größe kleinerer Pflastersteine zum Gedenken an Opfer des Nationalsozialismus in den Gehweg vor deren letzter freiwilliger Wohnstätte ein. Für den Geschichtsunterricht bieten sich damit viele Anknüpfungsmöglichkeiten: Sollte es in Ihrer Stadt bereits

12 Kontakt und Information: http://www.stolpersteine.eu/start/

Stolpersteine geben, kann es ein affektiver und regional bezogener Einstieg in das Thema sein, einen Rundgang mit Ihrer Lerngruppe zu unternehmen, bei dem die Stolpersteine quasi den Weg weisen. Sehr schnell wird klar, dass die zunächst eher abstrakt und fern erscheinende Zeit des Nationalsozialismus konkrete Auswirkungen für die Opfer hatte und auch in der eigenen Region sicht- und fühlbare Spuren hinterlassen hat. Um den Opfern ein Gesicht zu geben, kann sich nun eine Recherche im örtlichen Archiv zu deren Schicksal zur NS-Zeit anschließen (Tipp 80). Sollte es in Ihrer Stadt keine Stolpersteine geben, können Sie die Gemeindeverwaltung kontaktieren und nachfragen, ob dies so gewollt ist oder ob es nur noch keine entsprechende Initiative gegeben hat. Nicht jeder Gemeinderat heißt diese Aktion gut, häufig mit dem Argument, man wolle die Opfer nicht im Nachhinein noch mit Füßen treten. Auch diese Ansicht kann, im Sinne der Meinungspluralität in Ihrer Lerngruppe, diskutiert werden. Zeigt sich die Gemeinde aber offen, lässt sich ein Projekt anschließen. Dieses könnte etwa zum Ziel haben, ehemalige Schüler Ihrer eigenen Schule aufzuspüren, die von den Nationalsozialisten der Schule verwiesen und in Konzentrationslager deportiert wurden. Das örtliche Archiv hilft hier in den meisten Fällen weiter. Welchen Weg auch immer Sie wählen: Sie können sicher sein, dass Ihre Lerngruppe auf diese Weise einen kritischen und persönlichen Bezug zu den Geschehnissen der NS-Zeit finden und so ihre Empathiefähigkeit geschult wird.

› Tipp 80

Empathiefähigkeit schulen

Achtung!

Leider kommt es nicht selten vor, dass gerade verlegte Stolpersteine in Nacht- und Nebelaktionen von Unbekannten wieder entfernt oder beschädigt werden. Sollte dies im Rahmen Ihres Unterrichtsprojekts vorkommen, geben Sie Ihrer Lerngruppe Raum für ein Gespräch darüber. Viele Schüler sind geschockt und erschüttert, wenn dies passiert, gerade wenn sie im Rahmen des Projekts möglicherweise Nachfahren der Opfer kennengelernt haben.

Überregionale Fortbildungen besuchen

86

Von Geschichtslehrern wird für gewöhnlich erwartet, dass sie nicht nur selbstverständlich auf dem absolut neuesten Forschungsstand sind, sondern auch methodisch und didaktisch fit, gut vernetzt sowie top motiviert. All diese Prämissen zu erfüllen, gestaltet sich im Rahmen einer vollen Stelle und in Anbetracht der Erfordernisse des Zweit- oder gar Drittfachs nicht immer ganz leicht. Im Folgenden sollen zwei Möglichkeiten vorgestellt werden, die Ihnen auf angenehme Art ein Update in allen genannten Bereichen ermöglichen.

Deutscher Historikertag

Ein hervorragendes Forum, sich selbst in einem überregionalen Rahmen fortzubilden, bietet der alle zwei Jahre stattfindende „Deutsche Historikertag"[13]. Ausgerichtet in Kooperation des Verbands der Geschichtslehrer Deutschlands mit dem Verband der Historikerinnen und Historiker Deutschlands, findet er immer im Wechsel in einer deutschen Universitätsstadt statt und bietet eine Plattform für alle, die sich in Forschung und Bildung mit Geschichte beschäftigen. Das wissenschaftliche Programm hat in jedem Tagungsjahr einen anderen historischen Schwerpunkt. Die Veranstaltung wird in allen Bundesländern als Fortbildung für Lehrer akzeptiert. Für die Teilnahme ist zwar eine entsprechende Beurlaubung erforderlich, Ihre Schulleitung wird sich jedoch sicherlich offen für Ihr Ansinnen zeigen, wenn Sie nach Ihrer Rückkehr als Multiplikator agieren und das Fachkollegium der Schule an Ihren neu gewonnenen Einsichten teilhaben lassen.

Netzwerke bilden

Die bei Historikertagen herrschende Kombination von Akteuren aus der aktuellen geschichtswissenschaftlichen und didaktischen Forschung, dem dortigen Angebot neuester Publikationen zu einer Vielzahl historischer Themen sowie dem Kontakt und möglichen Austausch mit Fachkollegen aus der gesamten Republik macht diese Veranstaltung wertvoll für fortbildungswillige Geschichtslehrkräfte.

Wie der Name schon sagt, handelt es sich beim Deutschen

13 Weitere Informationen unter: www.historikertag.de

Historikertag um eine Veranstaltung im nationalen Rahmen.

Über den nationalen Tellerrand blicken

Möchten Sie über die nationalen Grenzen hinausschnuppern, so seien Ihnen außerdem die Jahrestagungen der European Association of History Educators[14] empfohlen. Deren Tagungen finden jedes Jahr in einem anderen europäischen Land (das nicht notwendigerweise EU-Mitglied sein muss) statt und richten sich ausdrücklich an ein internationales Fachpublikum. Im Mittelpunkt dieser Tagungen stehen Themen, die auf nationaler wie transnationaler Ebene relevant sind, wie etwa aktuelle Fragen zur Erinnerungskultur. Die Tagungssprache ist Englisch. Diese internationalen Tagungen bieten die wertvolle Gelegenheit, das direkte Gespräch mit Fachkollegen aus aller Welt zu suchen (und zu finden). Durch die fest im Tagungsprogramm etablierten Schulbesuche haben Sie zudem die Möglichkeit, Einblicke in das Schulsystem des Gastgeberlandes zu erhalten. Die ebenfalls als fester Teil des Programms angelegten Exkursionen vor Ort erlauben Ihnen überdies fundierte Einsichten, die auf anderem Wege nur schwer möglich sind.

Die Reise- und Tagungskosten können bei entsprechender Antragstellung über einen Topf der EU abgedeckt werden. Das betreffende EU-Programm heißt ERASMUS+[15]. Das EUROCLIO-Team unterstützt im Einzelfall auch Teilnehmer, die mit der Antragstellung für ERASMUS+ nicht vertraut sind. Diese Art der Fortbildung ist ganz besonders, aber nicht nur für Lehrkräfte des bilingualen Geschichtsunterrichts interessant.

Tagungen nutzen

87

Eine historische Fachtagung in Ihrer Gegend? Wunderbar! Nehmen Sie doch gleich einmal Kontakt zu den Organisatoren auf und fragen nach, ob und zu welchen Bedingungen Sie

14 www.euroclio.eu
15 http://www.erasmusplus.de/

mit Ihrem Oberstufenkurs bei einer der Veranstaltungen als Zuhörer oder auch zum Mitdiskutieren dazukommen können. Oft freut man sich über das Interesse von Schulseite und wird Ihnen keine Steine in den Weg legen. Nun müssen Sie nur noch grünes Licht von Ihrer Schulleitung einholen und eventuell klären, von wem anfallende Kosten übernommen werden können.

Sollte es sich um ein Thema handeln, das Sie bereits im Unterricht behandelt haben, sollten Sie dieses mit Ihrem Kurs nochmals auffrischen, damit die Schüler wohl informiert in die Veranstaltung gehen. Das ist vor allem dann von Bedeutung, wenn die Schüler als Diskussionsteilnehmer eingeladen sind. Sie können vorbereitend Ihren Schülern zudem helfen, die Hemmschwelle, sich tatsächlich aktiv am Diskurs zu beteiligen, abzubauen. Führen Sie dazu in dem Zeitraum vor der Tagung mit ihnen eine Podiumsdiskussion im Unterricht durch (Tipp 51).

› Tipp 51

Nach der Tagung bietet sich im heimischen Klassenzimmer eine offene Reflexionsrunde an. Wie hat der Kurs die Fachleute erlebt? Haben sich den Schülern neue Facetten des Themas erschlossen? Eine fachliche Auseinandersetzung in einer authentischen Tagungssituation gibt den Schülern Einblick in den Alltag von Historikern und kann ein eindrucksvolles Erlebnis sein. Vielleicht kommt der eine oder andere Schüler ja sogar auf den Geschmack und erwägt, sich beruflich in diese Richtung zu orientieren!

Die Schüler von heute sind potenziell die Fachleute von morgen

Gasthörer an der Uni sein

88

Beim Blick in das Online-Vorlesungsprogramm des Historischen Seminars der nächstgelegenen Universität finden sich erfahrungsgemäß immer Vorlesungen, deren Themen einen Bezug zum schulischen Lehrplan haben (Tipp 66). Fragen Sie doch einmal bei der Universitätsverwaltung nach, ob die Möglichkeit besteht, dass Sie mit Ihrem Geschichtskurs an einem Tag diese Vorlesung als Gasthörer mitverfolgen kön-

› Tipp 66

nen. Dies wird für gewöhnlich kostenfrei möglich sein, falls diese Vorlesung durch reguläre Studierende nicht allzu stark ausgelastet ist, sodass nur die Kosten für den öffentlichen Nahverkehr anfallen. Ihre Schüler erhalten so einen kleinen Einblick in den Universitätsalltag, erleben einen neuen Blickwinkel auf ein Thema, das sie in der Sekundarstufe I bereits behandelt haben oder sogar aktuell behandeln, und können gemeinsam mit Ihnen auf der Meta-Ebene die Art und Weise der Herangehensweise der Wissenschaftler diskutieren. Vielleicht zeigt sich auch der Vortragende Universitätsvertreter auf vorherige Anfrage offen für ein Gespräch mit Ihnen und Ihrer Lerngruppe im Anschluss an die Veranstaltung. Diese Aktion eignet sich vor allem für die Zeit kurz vor oder nach den Ferien bzw. nach Ende des Notenschlusses oder kann im Rahmen einer Projektwoche durchgeführt werden.

89 Doktoranden unterstützen

Doktoranden aus dem Bereich der Geschichtsdidaktik sind häufig auf der Suche nach Lerngruppen, in denen sie ihr wissenschaftliches Programm ausprobieren können, um die Ergebnisse statistisch auszuwerten. Ihre Schüler können davon profitieren und eine Geschichtsreihe mit wissenschaftlicher Begleitung durchlaufen, wenn Sie, in Absprache mit der Schulleitung, Ihre Kooperationswilligkeit am fachdidaktischen Seminar der örtlichen Universität (Tipp 72) signalisieren. Eine spannende Erfahrung für alle Beteiligten, die den geschichtswissenschaftlichen Horizont Ihrer Schüler ungemein weitet!

› Tipp 72

Um die Ecke gedacht

Eine solche Möglichkeit bietet sich erfahrungsgemäß pro Lerngruppe höchstens einmal, was im Umkehrschluss bedeutet, dass die Lernenden keine Vorerfahrungen mit fachwissenschaftlich geprägtem Arbeiten haben. Die Doktoranden ihrerseits sind unerfahren, was das Arbeiten im

Geschichtsunterricht betrifft – abgesehen von ihrer eigenen Schulzeit.
Zur Vorbereitung auf beiden Seiten empfiehlt sich ein zwangloser Besuch des Doktoranden in Ihrem Unterricht. Bei dieser ersten Zusammenkunft erklärt der Doktorand sein Vorgehen in aller Ruhe und die Lerngruppe hat Gelegenheit, Fragen, Erwartungen sowie eventuell bestehende Befürchtungen zu formulieren, bevor das Programm beginnt. Auch Sie als Lehrer sollten bei dieser Gelegenheit Ihre Erwartungen und Vorstellungen ansprechen.

Theaterstücke mit Geschichte verbinden

90

Fächerverbindendes Arbeiten

Viele Theaterstücke haben so deutliche historische Bezüge, dass sich hier eine Zusammenarbeit mit den Deutschkollegen auch für das Fach Geschichte lohnt. Als Beispiel sei das Stück „Dantons Tod" von Georg Büchner genannt. Der Titel legt auch demjenigen, der das Stück noch nicht kennt, bereits nahe, dass es zur Zeit der Französischen Revolution spielt und wichtige Akteure der Revolution zu handelnden Personen des Stückes macht. Vielleicht möchten Sie einmal die dazugehörige Unterrichtsreihe zusammen mit dem Kollegen planen oder einen Theaterbesuch zusammen mit Ihren Schülern in die Reihe zur Französischen Revolution einschieben. Abgesehen davon, dass der Theaterbesuch an sich einen schönen Motivationsschub bietet, liefert er hervorragende Möglichkeiten, zentrale historische Aspekte zu diskutieren. Interessant ist vor allem die Frage, inwiefern der Autor die Verhältnisse im revolutionären Frankreich als Botschaft an die Gesellschaft seiner Zeit nutzte. Auch eine Untersuchung der Rezeptionsgeschichte des Stückes (Tipp 43) birgt weitreichende Erkenntnisse.

› Tipp 43

91 Eine Stadtführung buchen

Regionalgeschichte im Fokus

Stadtführer sind ein wahrer Quell an Informationen und Anekdoten zur Stadt, in der Ihre Schule steht. Ein Rundgang mit einem solchen „Stadtexperten“ erzielt einen klaren regionalen Bezug und motiviert die Lernenden, mehr über ihren Heimatort zu einer bestimmten Epoche oder einem anderen thematischen Schwerpunkt zu erfahren. Vielleicht findet sich eine Möglichkeit, den nächsten Wandertag Ihrer Klasse mit einem historischen Fokus zu versehen oder mit Ihrem Kurs einen Rundgang mit einem Stadtführer zu organisieren. Themenschwerpunkte können Sie – am besten in Absprache mit Ihrem Kurs bzw. Ihrer Klasse – bereits bei der Buchung angeben. Möglicherweise hilft auch der Freundeskreis oder Förderverein der Schule mit einer kompletten oder partiellen Kostenübernahme aus. Der Rundgang selbst kann im Nachgang gemeinsam mit der Klasse und dem Stadtführer auf der Meta-Ebene diskutiert werden, etwa im Hinblick auf die Frage, wie er die Informationen, die er weitergibt, auswählt. Welche lässt er weg? Aus welchen Quellen bezieht er seine Informationen?

92 An einem Planspiel teilnehmen

Das Programm POL&IS bietet eine der sehr wenigen Möglichkeiten, ein komplexes Planspiel im Unterrichtsalltag unterzubringen[16]. Solche strategisch ausgerichteten Lernarrangements sind üblicherweise derart komplex, dass eine Nutzung innerhalb des normalen Unterrichtsalltags nicht möglich ist, ohne den Rahmen des Unterrichts völlig zu sprengen. POL&IS richtet sich in der Hauptsache an Politiklehrkräfte, bietet aber auch thematische Ansatzpunkte im Lehrplanbereich „Internationale Beziehungen“ und kann so für fächerverbindenden Unterricht im gesellschaftswissen-

16 http://jugendoffizier.eu/unser-angebot/simulation-polis/

schaftlichen Bereich eingesetzt werden. Es handelt sich dabei um ein strategisches Spiel, das politische Beziehungen zwischen Staaten in allen ihren Facetten simuliert. Betreut wird es von den Jugendoffizieren der Bundeswehr. Es kann ab Jahrgangsstufe 10 durchgeführt werden.

Achtung!

Ein Spielzyklus dauert mehrere Tage. Damit ist die Aktion an der Schule vor allem für eine Projektwoche geeignet. Je nach Austragungsort muss auch eine Übernachtung in Erwägung gezogen werden. Dies ist zwar einerseits mit einem gewissen Aufwand verbunden, intensiviert aber andererseits den Teameffekt ungemein. Im Nachgang sollte eine Reflexionsphase der gesamten Spielanlage angesetzt werden, da das Spiel angesichts der – wenn auch fiktionalen – Option des Waffeneinsatzes als Konfliktlösungsmöglichkeit sowie der Bundeswehr als Trägerorganisation durchaus kontrovers diskutiert werden kann.

Mit dem Volksbund Deutsche Kriegsgräber kooperieren

93

Binationaler Workshop

Immer auf der Suche nach Möglichkeiten, Geschichtsexkursionen mit den Lernenden möglichst gewinnbringend zu gestalten, könnte das Bildungsprogramm des Volksbundes Deutsche Kriegsgräber (VDK)[17] für Sie interessant sein. Möglicherweise passt ein binationaler Workshop oder eine Jugendbegegnungsstätte für das von Ihnen gerade vorgesehene Thema. Der Völkerverständigung, Friedenserziehung und politischen Bildung verpflichtet, arbeitet der VDK in praktisch allen Gebieten, in denen sich deutsche Kriegsgräber befinden. So liegt der Bezug zu im Lehrplan benannten historischen Konfliktsituationen auf der Hand. Dieses Programm bietet sich etwa für Studienfahrten der Oberstufe an,

17 http://www.volksbund.de/jugend-bildung/jugend-und-bildung.html

kann aber auch schon in der Sekundarstufe I eingesetzt werden. Ebenfalls in der Oberstufe kann zudem auf der Meta-

Zielsetzung diskutieren

Ebene die didaktische Zielsetzung des Volksbundes diskutiert werden, am besten zusammen mit dessen Mitarbeitern, die direkt auf die Fragen und Überlegungen Ihrer Lerngruppe eingehen und Stellung nehmen können.

94 Einen Rundgang zu Straßennamen machen

Die wenigsten Schüler machen sich Gedanken darüber, warum die Straße, in der sie wohnen, ausgechnet diesen Namen trägt und ob sie vielleicht in früheren Zeiten überhaupt genauso hieß. Mancher verbringt seine gesamte Jugend in der Sedanstraße, um erst nach dem Studium zu erfahren, was es mit diesem Namen eigentlich auf sich hat ...
Straßennamen zu erforschen, kann ein schöner Einstieg in das Fach Geschichte in der Oberstufe sein. Nutzen Sie hierfür am besten zunächst den PC-Raum der Schule für eine Internet-Recherche. Das örtliche Archiv hat meist einen historischen Stadtplan parat, den Sie und Ihre Schüler für die weitere Arbeit verwenden können. Lassen Sie die Lernenden jeweils den Ort, die Persönlichkeit oder auch das Ereignis, nach dem ihre Straße benannt wurde, weitgehend selbstständig erforschen und den anderen in einem Rundgang

Gegenwartsbezug

durch die Stadt ihre Ergebnisse vorstellen. Um den Gegenwartsbezug herzustellen, können Sie abschließend mit den Schülern eine Diskussion darüber führen, ob die jeweiligen Namen aus heutiger Sicht noch passend sind und inwiefern sie ihre Funktion, an Persönlichkeiten, Ereignisse oder damit verknüpfte Orte positiv zu erinnern, noch ohne Weiteres erfüllen.

Gleich mal ausprobieren

Sollte dies nach Ansicht ihres Kurses nicht (mehr) der Fall sein, kann vielleicht ein Brief an den Stadt- oder Gemeinderat verfasst werden, in dem die Schüler ihre Einschätzung begründet darlegen. So ergibt sich ein handfester Bezug zur Lebenswirklichkeit der Schüler – und manchmal auch eine dringend notwendige Änderung eines unpassenden Straßennamens.

95 Eine Kathedrale besuchen

Eine Kathedrale als Manifestation der Kultur ihrer Zeit, aber auch als Ausdruck herrschaftlichen Selbstverständnisses ist ein lohnendes Ziel für eine Exkursion mit historischem Schwerpunkt. Dies gilt gleichermaßen für das erste Lernjahr Geschichte wie für das Einstiegsjahr in die Oberstufe, in dem das Mittelalter als Thema in den Lehrplänen vorgesehen ist. Da das Innere der Kirche für Unterrichtsgespräche naheliegenderweise eher ungeeignet ist, sollten die Lernenden den Kirchenraum lieber selbstständig mit einem Arbeitsblatt ausgestattet erwandern. Der Platz vor der Kirche oder, nach Absprache, im naheliegenden Gemeindezentrum kann für die Nachbesprechung und Reflexion genutzt werden.

Achtung!

Denken Sie daran, im Vorfeld sicherzustellen, dass zu Ihrer Besuchszeit kein Gottesdienst stattfindet. Auch ist es in manchen Kathedralen nicht gern gesehen, wenn jemand, der nicht von der dortigen Kirchenleitung dazu authorisiert ist, eine Art private Führung macht. Falls Sie also eine Führung planen, erkundigen Sie sich vorsichtshalber im Vorfeld, ob dies möglich ist oder ob ein offizielles Besucherbegleitprogramm existiert und genutzt werden soll.

Ins Museum gehen

96

Ein Museum bietet als Lernort einen echten Mehrwert für Sie und Ihre Schüler, außerdem bringt ein Ausflug dorthin Schwung in den Alltagstrott der Schule. Je aktiver die Schüler in das Geschehen eingebunden werden, umso nachhaltiger ist der Lernerfolg.

Wenn sich das Museum im Umkreis der Schule bzw. Ihres Wohnortes befindet, sollten Sie vorab einen vorbereitenden Besuch einplanen. Dabei können Sie sich zunächst einen Überblick über die Ausstellung verschaffen, die Exponate, die genauer betrachtet werden sollen, auswählen, sowie Arbeitsblätter (oder, je nach Alter, „Forscheraufträge") zu bestimmten Objekten erstellen. Hier hilft das Museumsteam gerne weiter. Auf der Homepage vieler Museen gibt es bereits entsprechende Materialien online.

Material online

Beim eigentlichen Museumsbesuch mit den Schülern können diese dann nach einer Überblicksführung und einer kurzen Verschnaufpause (Aufmerksamkeitsspanne beachten!) für etwa die Dauer einer oder zwei Schulstunden auf der Basis der Arbeitsblätter konzentriert an einem der ausgewählten Objekte forschen. Reflektieren und diskutieren Sie zum Abschluss in einer Reflexionsrunde die Ergebnisse, idealerweise unter Beteiligung des vorherigen Besucherbegleiters. Als nachbereitende Hausaufgabe oder als Lernerfolgskontrolle können die Schüler zu ihrem jeweiligen Exponat einen kleinen Darstellungstext oder ein Wiki verfassen (Tipp 40).

› Tipp 40

Um die Ecke gedacht

Auch Museen sind Orte, an denen sich die Geschichtskultur unserer Gesellschaft manifestiert. Meist erfolgen Museumsbesuche außerhalb der Schule ja eher rezeptiv, quasi auf den Anforderungsebenen I und II. Es werden bis dahin unbekannte Fakten, Anekdoten oder auch Persönlichkeiten kennengelernt und in ihren historischen Kontext eingeordnet. Wenn die Ausstellung nicht gerade ausdrücklich im Titel eine Fragestellung formuliert, wird dem durchschnittlichen Museumsbesucher oft gar nicht bewusst, dass eine bestimmte These transportiert werden soll. Viele Schüler sind dann zunächst überrascht, wenn sie sich mit der Frage konfrontiert sehen, welche Botschaft denn die gerade betrachtete Ausstellung zu ihrem Thema vermitteln möchte. Einmal bewusst gemacht, kann diese entdeckt, hinterfragt und vielleicht sogar mit den Museumspädagogen diskutiert werden.

Museumsworkshops besuchen

97

Jedes größere Museum hat mittlerweile eine eigene museumspädagogische Abteilung, deren Mitarbeiter gerne für Rückfragen und Anregungen im Umgang mit Ausstellungen bereitstehen. Häufig bieten diese Abteilungen ein reichhaltiges Angebot an speziell auf bestimmte Altersgruppen ausgerichtete Workshops, die die laufende Ausstellung ergänzen und stets handlungsorientiert angelegt sind. Ob Sie mit den Schülern ägyptische Namenskartuschen herstellen oder mit dem Faustkeil arbeiten – wichtig ist bei alldem weniger das handfeste Produkt der Aktion als vielmehr die Frage, welche Erkenntnis die Lernenden dabei oder danach über die Zeit, in der sie sich gedanklich bewegen, mitnehmen. Es muss also ein übergeordnetes Lernziel erkennbar sein, über das Sie sich im Vorfeld mit dem zuständigen Museumspädagogen absprechen sollten.

Erkennbares Lernziel

Um die Ecke gedacht

In vielen Museen wird darüber hinaus ein Raum angeboten, in dem Sie mit Ihrer Lerngruppe den Ausstellungsbesuch nachbereiten und reflektieren können. Dieses Angebot zu nutzen ist sehr zu empfehlen: Durch die zeitliche

Nähe zum Workshop ist eine solche Nachbereitung deutlich ergiebiger, als wenn sie erst Tage später in der nächsten Geschichtsstunde stattfindet.

Mit Museumspädagogen eine Ausstellung diskutieren

98

› Tipp 96, 97

In vielen Museen gibt es neben speziellen Workshops (Tipp 97) das Angebot, nach dem Besuch einer Ausstellung (Tipp 96) deren Konzeption mit einem Museumspädagogen zu diskutieren. Beim Gespräch auf der Meta-Ebene wird den Schülern einiges zu den Aspekten Problematisierung, Reduktion, Narrative und Ähnlichem nahegebracht – alles Aspekte, die auch im Unterrichtsalltag Geschichte eine große Rolle spielen. Neben dem nicht unerheblichen Einblick in den Entstehungsprozess einer historischen Ausstellung wird Ihre Lerngruppe schnell erkennen, dass selbst eine vermeintlich neutrale Präsentation historischer Objekte unter anderem durch Vorauswahl, Reduktion und die Formulierung der Begleittexte mehr oder weniger subtil eine bestimmte Botschaft zu ihrem Ausstellungsthema an die Betrachter sendet. Besonders gut gelingt die Diskussion darüber, wenn Sie mit den Schülern vor dem Ausstellungsbesuch zu bewertende Kategorien für die Betrachtung erarbeiten.

Botschaft der Ausstellung

Um die Ecke gedacht

Übrigens dürfen in manchen Museen Lehrer, ausgerüstet mit einer Bestätigung ihrer Schule, zur Vorbereitung eines Museumsbesuchs mit ihrer Lerngruppe die entsprechende Ausstellung kostenlos besuchen. Kontakt zu den Museumspädagogen können Sie per E-Mail über die Museumshomepage herstellen. Falls Sie es zeitlich einrichten können, ist ein vorbereitendes Treffen im Museum, bei dem Ihre Vorstellungen und Zielsetzungen ebenso besprochen werden können wie Anregungen und Bitten der Museumsmitarbeiter, natürlich noch besser.

99 FÖRDERPROGRAMME NUTZEN

Wenn Sie schon einmal eine Exkursion mit einer Ihrer Lerngruppen durchgeführt haben, kennen Sie vermutlich aus eigener Erfahrung die mühevolle Suche nach potenziellen Töpfen voller Gold, die die Reisekosten reduzieren können. Tatsächlich gibt es einige Programme, die Projekte zu geschichtsbezogenen Themen finanziell unterstützen. Im Folgenden finden Sie ein paar Anlaufstellen, bei denen Sie eventuell fündig werden.

Hier wäre zum einen das EU-Programm „Jugend in Aktion" zu nennen, das Jugendbegegnungen fördert[18]. Eine Übersicht über diejenigen politischen Stiftungen, die finanzielle Hilfen für Bildungsprojekte innerhalb von Deutschland anbieten, gibt die Bundeszentrale für politische Bildung[19]. Das deutsch-polnische Jugendwerk[20] unterstützt Begegnungen zwischen Jugendlichen beider Länder.

Um die Ecke gedacht

Die Korrespondenz und das Ausfüllen meist seitenlanger Formulare kostet Sie zugegebenermaßen einige Zeit und Nerven. Sie werden aber sehen: Es ist der Mühe wert, wird es doch mit einem Geschichtserlebnis der besonderen Art für Ihre Schüler belohnt.

18 http://www.erasmusplus.de/erasmus/bildungsbereiche/jugend-in-aktion/
19 http://www.bpb.de/gesellschaft/kultur/politische-bildung/193401/politische-stiftungen?p=all
20 http://www.dpjw.org/

Register

(Die Verweise beziehen sich auf die jeweiligen Tipp-Nummern.)

A

Abitur 18, 21, 22
Anforderungsebenen 14, 29, 55
Archiv 6, 16, 63, 65, 75, 77, 80, 85
Archivkoffer 6, 80
Augenzeugenberichte 62
Ausgrabung 73, 79
Ausstellung 50, 96, 98

B

Beutelsbacher Konsens 58
Bilinguale Lernende 1, 39, 67
Binnendifferenzieren 30, 36, 60

C

Coaching 57, 76
Comics 28

D

Denkmal 81
De- und Rekonstruktion 41, 42, 81
Digitale Lernplattformen 68
Dokumentation 42, 52

E

Einheitliche Prüfungsanforderungen 17, 21
Empathiefähigkeit 38, 85
e-twinning 67, 70
Extremismus 23, 71

F

Fächerverbindendes Arbeiten 12, 90, 92
Familiengeschichte 62
Feedback 14, 76
Filmausschnitte 46
Filme 46, 47, 56, 59
Förderprogramme 99
Fortbildung 86
Fotosequenz 48
Freeze 33

G

Galeriegang 49
Gedenkstättenbesuch 82
Gedenktag 56, 61, 83
Gedenkveranstaltung 84
Geschichtserzählungen 29, 38
Geschichtskultur 56, 59, 61, 96
Geschichtsquiz 45
Geschichtswettbewerbe 60, 65

K

Konkretisieren 26
Kontroversität 43, 78

L

Leistungskurs 20
Lerntempoduett 13

M

Metadiskussion 32, 53, 88, 91, 93, 98
Mündliche Noten 17
Museum 56, 79, 96, 97, 98
Musik 35

N

Nachnamen 64
Nachrichten 56, 58, 61
Namenspatron 63
Narrative 41, 42, 44, 52, 59, 98

O

Operatoren 21

P

Partnerstadt 74
Peer Learning 57
Personalisieren 25
Planspiel 92
Podiumsdiskussion 51, 87
Portfolio 37, 48
Porträt 27
PowerPoint®-Präsentation 8
Privatsphäre 17
Prüfungsanforderungen, s. u. Einheitliche Prüfungsanforderungen

R

Rechtsextremismus 71
Regionalgeschichte 5, 6, 75, 77, 91
Rezeptionsgeschichte 61, 81, 90
Rollenspiel 22, 26, 32, 48
Romane 44, 75

S

Schulgeschichte 77
Spiralcurriculum 57
Stadtführung 91
Standortgebundenheit 43
Stegreifspiele 32
Stolpersteine 85
Sütterlin 65

T

Tafelbilder 10, 11
Tagungen 86, 87
Theater 90
Transparenz 8, 18, 19

U

Universität 66, 72, 88, 89

V

Visualisierung 34

W

Wettbewerbe, s. u. Geschichtswettbewerbe
Wikipedia 40, 81
Wissenschaftspropädeutisches Arbeiten 51
Workshops 65, 71, 82, 93, 97

Z

Zeitmanagement 8
Zeitzeugen 70

Weiterführende Literatur

Hier finden Sie eine sehr subjektive Auswahl an Literatur, mit der ich gerne arbeite und die mir für meinen Geschichtsunterricht hilfreich erscheint.

Geschichte als Denkfach

Geschichte Lernen 139/2011. Kompetenzorientiert unterrichten. Velber.

Bergmann, Klaus (2002): Der Gegenwartsbezug im Geschichtsunterricht. Schwalbach/Ts.

Bergmann, Klaus (2007): Alters- und Schulstufendifferenzierung. In: U. Mayer/H.-J. Pandel/G. Schneider (Hrsg.): Handbuch Methoden im Geschichtsunterricht, Schwalbach/Ts., S.113–131.

Lücke, Martin/Tibbits, Felisa/Engel, Else/Fenner, Lea (Hrsg.) (2016): Change. History Learning and Human Rights Education, Schwalbach/Ts.

Immer noch ein Klassiker:

Uffelmann, Uwe (1998): Problemfindung, Problemlösung, Reflexion. Problemorientierter Geschichtsunterricht in der Schulpraxis. In: Problemorientierter Geschichtsunterricht, Praxis Geschichte 5/1998, S. 4–7.

Spiele im Geschichtsunterricht

Voller Anregungen und praktischer Tipps:

Geschichte Lernen. Sammelband Spiele(n) im Geschichtsunterricht. Velber, 2005.

Gramatzki, Hildegard (1999): Spiele im Geschichtsunterricht der Sekundarstufe I. Spielformen, methodische Anregungen und Materialien zu ausgewählten Themen aus Antike, Mittelalter und Neuzeit. Stuttgart.

Scheller, Ingo (1998): Szenisches Spiel. Handbuch für die pädagogische Praxis. Berlin.

Erzählen im Geschichtsunterricht

Adelmaier, Werner/Filser, Karl/Hasberg, Wolfgang/Wandl, Michael (1999): Geschichte(n) erzählen. So lebten die Menschen in ... Wien.

Parigger, Harald (1994): Praxisbuch – Geschichte erzählt. Von der Antike bis zum 20. Jahrhundert. Frankfurt/Main.

Zur Vorbereitung von Museumsbesuchen

Schon älter, aber noch immer ein guter Einstieg in das Thema:

Grütter, Heinrich Theodor (1990): Geschichte im Museum. In: Geschichte im Museum, Geschichte Lernen, Heft 14, März 1990, S. 14–19.

Schmidt, Martin/Wunderli, Marlise (2008): Museum experimentell. Experimentelle Archäologie und museale Vermittlung. Schwalbach/Ts.

Comics im Geschichtsunterricht

Brodersen, Kai (Hrsg.) (2001): Asterix und seine Zeit. Die große Welt des kleinen Galliers. München.

Heuel, Eric/van der Rol, Ruud/Schippers, Lies (2010): Die Suche. Braunschweig.

Miller, Frank/Varley, Lynn (1998): 300. USA.

Mounajed, René/Semel, Stefan (2010): Comics erzählen Geschichte. Bamberg.

Pandel, Hans-Jürgen (2007): Comics. Gezeichnete Narrativität und gedeutete Geschichte. In: H.-J. Pandel/ G. Schneider (Hrsg.): Handbuch Medien im Geschichtsunterricht. 4. Aufl. Schwalbach/Ts., S. 339–364.

Spiegelman, Art (2008): Die vollständige Maus. Frankfurt/Main.

van Royen, René/van der Vegt, Sunnyva (1998): Asterix. Die ganze Wahrheit. München.

Zeitzeugeninterviews

Viele praktische und direkt umsetzbare Tipps:

Erbar, Ralph (2006): Zeugen der Zeit. Anregungen für Zeitzeugengespräche in Unterricht und Jugendarbeit, PZ-Information 2/2006. Bad Kreuznach.

Ernst, Christian (Hrsg.) (2014): Geschichte im Dialog? „DDR-Zeitzeugen“ in Geschichtskultur und Bildungspraxis. Schwalbach/Ts.

Erinnerungs- und Gedenkkultur

Spannende Lektüre, vor allem, wenn man ein grenzüberschreitendes Projekt mit dem Schwerpunkt Nationalsozialismus plant:

Welzer, Harald (Hrsg.) (2007): Der Krieg der Erinnerung. Holocaust, Kollaboration und Widerstand im europäischen Gedächtnis. Frankfurt/Main.

Auch sehr gute vorbereitende Lektüre, wenn man einen Zeitzeugenbesuch plant:

Welzer, Harald/Moller, Sabine/Tschuggnall, Karoline (2002): „Opa war kein Nazi": Nationalsozialismus und Holocaust im Familiengedächtnis. Frankfurt/Main.

Zur Vorbereitung transnationaler Projekte

Oswalt, Vadim/Aspelmeier, Jens/Boguth, Suzelle (2014): Ich dachte, jetzt brennt gleich die Luft. Transnationale historische Projektarbeit zwischen interkultureller Begegnung und web 2.0. Schwalbach/Ts.

Wagner-Kyora, Georg/Wilczek, Jens/Huneke, Friedrich (Hrsg.) (2008): Transkulturelle Geschichtsdidaktik. Kompetenzen und Unterrichtskonzepte. Schwalbach/Ts.

van der Leeuw-Roord, Joke/Beyond the Doorstep (2009): The Nature of History Teaching across Europe. In: S. Aktekin/P. Harnett/M. Öztürk/D. Smart: Teaching History and Social Studies for Multicultural Europe. Ankara 2009, S. 155–173.

Digitale Lernplattformen

Marzinka, Birgit/Seidelo, Ingolf: E-Learning im Geschichtsunterricht. Der Einsatz der Lernplattform *moodle*. In: Historisches Lernen mit digitalen Medien, Geschichte Lernen Heft 159, Mai 2014, S. 90.

Semmet, Sylvia (2014): Die englischsprachige Lernplattform HISTORIANA. Transnationale Ergänzung zum Geschichtsbuch. In: Historisches Lernen mit digitalen Medien, Geschichte Lernen Heft 159, Mai 2014, S. 87–88.

Binnendifferenzierung

Zwar mit nicht historischem Schwerpunkt, aber mit vielen anregenden Gedanken zum Thema, die auch leicht auf den Geschichtsunterricht übertragbar sind:

Heterogenität. Sonderausgabe Politik und Wirtschaft unterrichten. Schwalbach/Ts., Juni/Juli 2015.

Stationenlernen

Kampl, Sibylle (2016): Stationenlernen im Geschichtsunterricht. Allgemeine und fachspezifische Momente. Schwalbach/Ts.